서울특별詩 4

인문학 시인선 008

서울특별詩 4
홍찬선 제16시집

제1쇄 인쇄 2023. 11. 25
제1쇄 발행 2023. 11. 30

지은이 홍찬선
펴낸이 민윤식
펴낸곳 인문학사

등록번호 제 2023-000035
서울시 종로구 종로19 르메이에르 종로타운 1030호(종로1가)
전화 : 02-742-5218

ISBN 979-11-93485-02-6 (03810)
979-11-983214-0-4 (세트)

ⓒ홍찬선, 2023
Printed in Seoul, Korea

*잘못 만들어진 책은 본사나 구입하신 서점에서 교환하여드립니다.
*이 책은 저작권법에 의해 보호받는 저작물이므로 저작자와
 출판사의 서면동의 없이는 무단 전재와 무단복제를 금합니다.

인문학 시인선 008

홍찬선 제16시집
서울특별詩 4

인문학사

시인의 말

서울이 깨어납니다.
주희 성리학의 도그마에 질식돼 국권까지 강탈당한 아픈
역사를 발판 삼아 이데올로기의 노예가 되어 동족상잔의
전쟁을 겪은 부조리를 떨쳐내고,

서울이 기지개를 켭니다.
용마산에서 솟은 해가 덕양산으로 지고
관악산에 내린 생명이 북한산 정기 먹어
광화문에서 사람 꽃이 흐드러지게 피고
한가람 물결 타고 거침없이 펼쳐 흐릅니다.

서울이 있어 대한민국이 서고
서울시가 있어 대한 사람이 깨어나고
서울특별詩가 있어 대한민국 시가 세계로 달려갑니다

'월간시' 2020년 8월호부터 '월간시인' 2023년 11월호까지
4년 3개월 동안 '서울특별詩'를 연재했습니다. 그동안
연재한 시를 수정보완해서『서울특별詩』시집 1,2,3을
출간했습니다. 이번에『서울특별詩4』를 출간하면서 역사상
처음 있었던 '서울특별詩' 연재를 마칩니다.

"서울에 이런 곳이 있었어?"
"서울에서 나고 자랐는데도 몰랐던 곳이 이렇게 많았다는
사실이 놀랍습니다!"

"연재를 마치더라도 서울특별詩를 계속 써 주시면
고맙겠습니다…."

서울특별詩를 연재하는 동안 독자 여러분들의 관심과
격려가 많았습니다. 그런 관심과 격려 덕분에 꽃피는 봄과
산들바람 부는 가을은 물론, 천둥 번개 치고 불볕 찜통더위가
기승을 부리는 여름과 북풍한설이 몰아치는 겨울에도, 서울
구석구석을 다닐 수 있었습니다. 그럴 때마다 막걸리는 아주
다정한 벗이 되었습니다. 연재가 끝났어도 '서울특별詩'는
계속 이어져 『서울특별詩5』가 나올 것으로 믿는 까닭입니다.

서울특별詩 통해 잊히고 뒤틀리고 감춰졌던 서울의 삶과
역사와 문화를 많이 알게 되어서 매우 행복했습니다.
『서울특별詩4』는 물론 전에 출간된 『서울특별詩1, 2, 3』도
많이 사랑해주실 것으로 믿습니다. 건강하고 행복하게
보내세요. 감사합니다.

> 4356년 10월의 마지막 날
> 한티 우거에서
> 如心 홍 찬 선

contents

004 시인의 말

제1장   서울책보고에서 보물을 찾다

012 서울책보고에서 보물을 찾다
013 롯데월드타워 123층빌딩
014 꿈마을흙재 나홀로나무의 일
015 봉은사 명상길
016 삼성해맞이공원이 전하는 말
018 는개 날리는 숯내에서
019 구룡마을 연가
020 은마아파트에 가면
021 강남의 허파 매봉산
022 대치4동 그랜드빌라
023 테헤란로 플라타너스
024 선정릉은 죽부인입니다
025 영동시장이 왜 강남구에…
026 삼풍백화점과 아크로비스타
028 서이초등학교 여선생님의 죽음
029 양재역 토요일 새벽 6시
030 양재동 한신빌라의 청구서
031 예술의 전당에 감이 익을 때
032 서초역 네거리 900살 향나무의 침묵
033 국립중앙도서관에서도 시가 흐른다
034 누에다리에서 서리풀공원까지

제2장   여의도시범아파트도 역사가 되고

036 남태령은 여우고개
037 녹두가 없는 녹두거리
038 샤로수길에서 찾은 것

040 신림역 4번 출구는 억울하다
041 대림중앙시장의 느낌표
042 김영삼 대통령 상도동 집
043 양녕대군은 숭례문으로 남고
044 대방동 유한양행 앞의 실미도
046 한강방어선전투 전사자명비의 숨바꼭질
047 동작구 본동 47-26
048 한강수사자조혼비
050 노량진수산시장에서 삶을 보다
051 생태공원으로 거듭난 샛강
052 여의도 시범아파트도 역사가 되고
053 아담길의 어린 왕자
054 무노동 무임금의 치외법권 국회의사당
055 증산? 증미산! 염창산…
056 궁산 소악루의 보름달
057 박정희대통령기념관에서
058 도화동에는 복사꽃이 피지 않는다
059 복덕방 막걸리의 겉바속촉
060 '마포종점'으로만 남은 마포종점
062 정몽주 동상의 물음표
064 망원시장과 망리단길의 시
065 홍익문고에서 청춘을 읽다
066 청춘연가1992동교동의 사랑
067 음식맛은 화장실에서 나온다
068 윌리엄 쇼 대위의 한국사랑
069 대성집 도가니탕

제3장 청와대에 세종대왕기념관을

072 청와대에 세종대왕기념관을
073 세종대왕 나신 곳
074 광화문 월대가 다시 왔다
075 서울의 찬가 노래비
076 세종로공원 조선어학회한글수호기념탑
077 카페 '가을'은 늘 여름
078 동아일보 옛 사옥에서 심훈을 읽다
080 오감부대에서 잃은 입맛을 찾다
081 우미관터에서 그 영화를 그리워하다
082 전태일 기념관에서
083 힙지로에서 시를 만나다
084 고당기념관에서
085 서울유스호스텔 담쟁이는 알고 있다
086 경운궁 살구나무가 전하는 말
088 윤관 대원수가 훈련원공원에 오신 까닭
089 왕십리역의 김소월
090 왕십리역에서 수인분당선 막차를 놓치고
091 좀도둑은 버티고개를 떠났다
092 목멱산 한 바퀴
093 용산가족공원의 길고 긴 역사
094 와룡매가 안중근기념관 앞에 있는 사연
095 낙원상가 지하의 엄마김밥
096 망북루에서의 소망
097 100년 기둥 100년 충전소
098 마산아구와 해물은 인생정거장
100 인사동 야우에서 생긴 일
101 여자만엔 여자만 간다고?
102 김마리아의 애국회화나무

제4장　영수네감자국에서 만난 오징어게임

- 104　369마을은 게임이 아니다
- 105　나폴레옹제과점에서 그님을 그리다
- 106　성북동은 골목골목이 문학
- 107　봉화산의 봄
- 108　빨래터에 공초 유택이 있다
- 109　전형필 옛집에서
- 110　연산군묘에서 배운다
- 111　어린이교통공원
- 112　옛 중앙정보부 강당의 반성문
- 114　녹천역에 사슴이 없어도
- 115　상계주공아파트 1705동 ○○○호
- 116　노원역에서
- 117　백운대 참맛
- 118　통천능선, 하늘에 이르는 마루금
- 119　도봉산 선인봉 암벽을 오르는 사람들
- 120　대전차방호벽과 평화문화진지
- 121　따릉 따릉 따릉이
- 122　영수네감자국에서 만난 오징어게임
- 124　불수도북을 걸으며
- 126　망우리공원에서 만난 님
- 128　녹색병원은 그냥 병원이 아닙니다
- 130　한가람

평설
- 131　서울, 장소성의 시학
　　　홍찬선의 시에 대하여 /한상훈

제1장
서울책보고에서 보물을 찾다

서울책보고冊寶庫에서 보물을 찾다

보물을 찾아 나선다
봄 여름 가을 겨울 없이
지하철 2호선 잠실나루역 1번 출구
서울책보고에 가서
책 보고 보석을 캔다

서울시에 있는 스물아홉 개 헌책방에서
모셔온 십이만 권의 책이
서른두 개 서가에 숨어서
눈 밝고 가슴 푸근하고
두 손 따뜻한 사람들을 기다리고

굴속으로 빨려 들어가
그제는 '한국의 섬' 시리즈를 만나고
어제는 조태일 시인의 '시인'을 발굴하고
오늘은 문덕수 시인의 '세계문예대사전'을 찾았는데
내일은 어떤 보물이 깜짝 선물로 기다릴까

*서울책보고 : 서울시가 송파구 신천동 14에 있던 옛 암웨이 물류창고를 개조해 2019년에 문을 연 공공헌책방.

롯데월드타워 123층빌딩

높다고 행복한 건 아니다
여름엔 뙤약볕에 벌겋게 익고
겨울엔 칼바람에 하얗게 얼고
봄가을엔 가뭄에 퍼렇게 멍든다

높은 곳에 올라 본 사람은 안다
저 높은 곳은 바람 잘 날 없다는 걸
저 높은 곳은 한 뼘 느긋함도 허덕거린다는 걸
저 높은 곳은 밑에서 우러르는 뿌듯함도 없다는 걸

석촌서호 동북쪽 삼전도비가 조근조근 알려 주고
석촌서호 동남쪽 삼전도 표지석이 소근소근 말해 주고
석촌서호 한가운데 오리 부부가 꽥꽥대며 노래하고
석촌서호 매직아일랜드 자일노드롭이 꺄아악 소리친다

*롯데월드타워 : 서울시 송파구 신천동 29, 석촌동호 북쪽에 있다.
높이는 554.5m로 세계에서 5번째, 면적은 12만7143평으로
한국에서 가장 넓다.

꿈마을흙재 나홀로나무의 일

홀로 있다고 혼자가 아니었다
길고 긴 겨울 이겨낸 잔디밭에
봄이 살랑거리고
한참 물오르는 미래들이
참새와 까치와 화음 이루어
내일을 맞이하고 있었다

기억이 가물거린다고 사라진 게 아니었다
수없이 오고 간 눈보라와 천둥과 번개를
벗 삼은 꿈마을의 꿈을 가득 안고
짙은 측백나무 향기 폴폴 날리며
육백 살 은행나무와 살림을 고민하고 있었다

그날의 꿈
그날의 아픔
그날의 함성

끊기지 않고 이어가는
마음에 마음이 모이고 모여
홀로 서 있다고 혼자가 아님을 알려주고 있었다

*올림픽공원 안의 꿈마을흙재(몽촌토성夢村土城) 안 넓은
잔디밭 비탈에 홀로 서 있는 측백나무를 나홀로나무로 이름 짓고
몽촌토성 9경 중 제6경으로 부른다.

봉은사 명상 길

새로운 길이 열렸다
오십 년 묵은 철조망을 걷어내고
느긋하게 즐기는 진양조 명상 길이다

철조망을 걷고 새길 내는 건
헛꿈이 아니다
환상도 아니다
생생한 현실이다

봉은사 명상 길은 저녁에 걸어야
촉촉이 스며드는 삶의 맛,
꿈꾸는 사람만이 참맛을 누린다

땡볕에 숨죽이던 매미가 짝을 찾아
테너로 세레나데 부르기 시작하는 시간
외로움을 달래는 사람들의 속삭임이 시작된다
하나 둘 셋 넷 다섯….

삼성해맞이공원이 전하는 말

여자의 변신은 무죄이듯
바뀌는 것은 좋은 일이다

봉은사와 경기고 건너편 봉은초등학교 위,
용마산과 관악산과 덕양산과 삼각산을 아우르던 옛 백제 사성蛇城이
삼성해맞이공원으로 거듭나, 123빌딩 넘어 검단산 뚫고 솟아오르는
봄 여름 가을 겨울 해를 가슴에 품는다

불쑥 부울쑥 불쑥 불쑥…
손가락이 차례차례 곱고, 곱고, 곱는 대로
수수꽃다리 꽃내음 첫사랑 살려내는 대로
갈 바람 살랑살랑 한가람 치근대는 대로

자기의 맛을 알려주는 새날 새해 맞에
청담대교와 올림픽대로엔 새날 시작하는 차파車波가 요란하고
검단산 기지개가 예성산 아차산 용마산 불암산 수락산 넘어
청량산 대모산 구봉산 청계산 지나 행주산성

에서 인사할 때

해는 동쪽에서만 뜨는 게 아니라
마음 연 모든 곳에서 환하게 날아오른다
거짓을 물리치며 참사랑 피운다

*삼성해맞이공원 : 강남구 삼성동 79-1, 봉은초등학교 뒤에 있다.
 지하철 7호선 청담역, 9호선 봉은사역에서 가깝다.

는개* 날리는 숯내*에서

흐르는 물은 쉬지 않는다
바람이 그렇듯이
사랑이 그렇듯이

익숙한 곳이 위험하다
게으른 왜가리가 해 진 뒤
밤의 세레나데 즐기는 붕어 노리듯이

바뀌어야 기일게 산다
부리와 발톱을 가는 매가 수명 연장하듯이
날마다 새로워지는 세포가 팔팔하듯이

*는개 : 바람 없이 조용히 내리는 가랑비.
*숯내: 탄천炭川

구룡마을 연가

구룡마을엔 봄에 가야 한다
찬바람 휘몰아치는 겨울엔 아프고
먹구름 밀려오는 여름에는 먹먹한데
상추 마늘 감자 보리 시금치 파릇파릇
연두로 되살아나는 4, 5월에야 겨우
연탄가스 옅어지는 골목에 화색이 돈다

사람 떠난 빈 땅에선
고추 대파 머루가
사람 돌아오기를 기다리고
맘씨 좋은 딱따구리는
날이 좋든 궂든
칠복왕생 염불 드리는데

풀과 꽃은 때맞춰 되돌아와도
일방통행에 젖은 사람들은 흙냄새 잊고
양재대로 내달리는 자동차 헐떡거림에
짝짓기에 얼빠진 멧새들도 가빠지는데
들이대는 벌 나비에 얼굴 붉힌 완두콩만
살랑살랑 골바람에 가슴 벌린다

은마아파트에 가면

은마아파트에 가면
삶의 기준이 흔들린다

가치가 가격이
화성과 금성보다 더
어긋나 있는 곳

낡은 수도관에선 녹물이 나오고
넓은 주차장엔 일자로 대도 빈 공간 찾기 힘든데
공간의 희소성이 가치를 가격의 노예로 만드는 곳

헛배만 부풀리는 화폐가
마시멜로 효과로 화장을 하고
하루하루의 삶을 옭아매는 곳

욕망이라는 이름의 저수지가
참다움이란 여유와 푸근함을
이죽거리며 짓밟고 익사시키는 곳

집 주인은 억! 억! 소리에 미소 짓고
세든 사람은 억, 억, 소리에 찌들어가는

은마아파트 앞에 서면
이렇게 살아야 한다는 느낌표가
왜 이렇게 견뎌야 하는지 물음표로 바뀐다

강남의 허파 매봉산

좋은 것은
누리는 사람이 임자란 걸
강남세브란스병원과 매봉터널 사이로 난
길을 올라보면 금세 안다

발간 노을이 어스름으로 바뀔 때
뻐꾸기들이 왜 그리 옥타브를 올리는지
참나무 잎사귀는 어째서 속닥속닥 대는지
다람쥐들이 양볼을 쑤욱 내밀고 바쁘게 오가는지

신발을 벗고 맨발로 흙길을 걸으며
주기酒氣를 흥얼거림에 날려버리고
흔들렸던 도심都心을 가다듬으면
문득 저절로 깨닫는다

쌍둥이 돌탑을 발갛게 감싸는 석양과
졸졸졸 흐르는 약수가 챙겨주는 건강은
느긋하게 즐기는 사람이 임자라는 것을
매봉산이 왜 강남의 허파가 되는지를

대치4동 그랜드빌라

   한 여름 밤 옥상에서 아홉 가구가 삼겹살바베큐 반상회를 열었다
   한 잔 두 잔 석 잔이 오가며 정이 밤처럼 깊어가자 색소폰이 불협화음으로 춤췄다

   고요하고 거룩한 자시에 'My Way'와 '친구여'가 박수를 부추기는데…
   느닷없이 경찰이 들이닥쳤다

   공군사관학교 교수님과 가수 정○○와 탤런트 이○○ 엄마와 컴퓨터 보안전문가 김○○과 MBC 국장과 신문사 홍○○ 부장은 포도鋪道에 질식사한 이웃사촌이 아팠고
   완당이 사랑한 수선화와 졸과 상추와 고추를 키웠던 앞 정원 텃밭과 새벽에 나가 밤늦게 돌아오는 지친 발걸음을 토닥여주던 능소화도 함께 고개 떨구는데

   스톤빌리지2차로 창씨개명한 대치4동 914-3 그랜드빌라는
   쫓기듯 달려가는 세월과 아쉬운 듯 주춤거리는 추억을 느긋하게 깔보는 것이다

*졸 : 부추의 충청도 사투리.

테헤란로 플라타너스*

양버즘나무도 아픈 것이다
잘 자라고, 공해에도 꿋꿋이 견딘다며
정토수淨土樹란 예쁜 이름까지 받고
사랑하던 시절이 줏대 없는 유행처럼 지나갔으니
은행과 이팝나무에 밀려나는 고통을
고름으로 흘리며 반성하는 것이다

플라타너스도 그리운 것이다
국민학교 운동장 가에 심고 물주며
함께 자란 때는 아스라이 잊히고
넓은 가슴으로 따가운 햇볕 가리는
넉넉한 휴식을 즐길 수 없어
닭똥 같은 눈물을 뚝뚝 떨구는 것이다

마음으로 만나 화해하려 해도
가까이 할 수 없는 시절이 고프고
아픔과 그리움을 하소연하려 해도
수언樹言과 인어人語에 불꽃이 튀지 않아
대낮 칼부림의 화딱지를 영지버섯으로 피워
눈빛 잃은 사람들에게 말을 걸려는 것이다

*플라타너스(양버즘나무)의 꽃말은 용서, 화해, 휴식.

선정릉은 죽부인입니다

선정릉은 능이 아닙니다
도심의 허파라는 건 너무 식상합니다

선정릉은 죽부인입니다
포도鋪道 열로 헐떡대는 도인都人들이 무더위를 달랩니다

선정릉은 아이디어창고입니다
소나무 숲을 걸으면 막혔던 머리가 열립니다

선정릉은 연인들의 사랑터
선정릉은 어르신들의 건강터
선정릉은 꼬맹이들의 체험학습장
선정릉은 글쟁이들의 글 줍기터

1000원이면 길벗 글벗 뜻벗 만나
삼복쯤은 태백산 천제단으로 날려버리는
선정릉이 강남구 테헤란로에 있다는 건 기적입니다

영동시장이 왜 강남구에…

초여름 토요일 오후 6시
부활의 힘 주기에 바빴던 봄날 햇살이 발갛게 익어
서울 보초를 달에게 맡겨 쉬려고 한숨 놓는 때

불 찾아 돌진하는 부나비처럼
술 찾아 질주하는 눈 벌건 주酒나비들이 몰려드는 곳,
논현동 145-16은 가물가물하고
족보 없는 학동로4길 35로 창지개명創地改名 당한 곳,

영동시장이 문득 말을 걸었다
영동이 왜 영동永東이냐고,
강남구에 영동시장과 영동농협과 영동우체국이
왜 맹장처럼 있냐고,

고개 양쪽 벌판이 논밭으로 이어져 논고개였던 이곳이
일제가 비말 절골 부처말들을 모아 논현리論峴里라 부른 이곳이
영등포의 동쪽이라서 영동이 됐다는 얘기는
범 담배 피던 시절의 가물가물한 전설로 사라지고 있다

삼풍백화점과 아크로비스타

조짐 없는 사고란 없다
수없이 되풀이되는 조짐을
인간의 오만과 탐욕이 무시할 뿐
참사가 나에게 닥치지 않을 것이란
설마가, 죄 없는 사람을 떼죽음시켰다

1995년 6월29일 오후 5시57분
설렘으로 느긋했던 저녁이 산산조각 났다
5층짜리 거대한 건물은 20초 만에 사라졌다

삼풍백화점은 하루 전날 천장에 금이 갔고, 바닥은 눈에 띄게 기울었다. 그날에는 아침부터 신음했다, 드르륵 뚝뚝 소리쳤다. 사시나무처럼 떨었다. 물이 쏟아지고 에어컨 가동이 중단됐다…, 이 준 회장에게, 돈밖에 보이지 않았던 이 준 회장에게, 목숨은 귀한 게 아니었다. 고객을 대피시켜야 한다는 건의를 묵살했다.

502명이 숨졌다, 6명이 실종됐다, 937명이 다쳤다, 살았다고 산 게 아니었다
11, 13, 17일 만에 살아 돌아온 최명석 유지

환 박승현에겐 트라우마가 끝없이 찾아왔다

    삼풍백화점이 울고 있다
    끝까지 버티지 못한 것이 괴로워 아직도 울고 있다
    오만과 탐욕에 찌든 인간들이 진정한 반성을 하지 않고
    아크로비스타로 그날의 아우성을 묻어버리고
    양재시민의숲에 위령탑을 세운 쇼를 보며 눈물 흘리고 있다

서이초등학교 여선생님의 죽음

오늘 아침 할 말을 잊었습니다
어처구니없는 죽음을 또 마주했습니다

보석처럼 빛나는 여덟 살 아이들과 함께
원 없이 웃으며 즐겁고 속상하고 아쉬웠던 순간을
감사하는 마음으로 열정을 다해 가르치겠다던*
스물넷의 파릇파릇한 꿈이 스스로 꺾였습니다

무엇이 꿈 많고 열정 넘치는
젊은 선생님을 죽음으로 내몰았을까요?
살아서는 말 할 수 없고
오로지 죽음으로만 호소해야 했던 고통은 얼마나 컸을까요?

언제쯤이면 이렇게 억울한 죽음이 사라질까요…
죽은 사람은 말이 없고 산 사람들의 가슴에 빗물이 스밉니다

*2023년 7월18일 새벽, 자신이 다니던 초등학교에서 자살한 선생님이 1년 전에 담임을 맡았던 1학년 학생들의 학부모에게 보낸 편지에서 인용.

양재역 토요일 새벽 6시

겨울 토요일 새벽 6시
많은 사람들이 아직 따뜻한
이불 속에서 늦은 꿈에 젖어 있을 때
일찍 일어난 새들이
힘찬 날개 짓 하며 떠나간다

나는 무등산으로
너는 선자령으로
그는 함백산으로
우리는 소백산으로
너희들은 덕유산으로

눈꽃 보러 꿈을 찾아
건강 지키고 삶을 살찌우자
가장 짙은 어둠이 뒷걸음질 치고
코로나도 슬그머니 게걸음 하며
잠을 이긴 깸이 살림을 노래한다

양재동 한신빌라의 청구서

하나를 얻으면 하나를 잃는 게 인생이었다
남쪽으로 이사가라는 점쟁이 말을 믿고 창동에서
양재동으로 옮겨
큰아들을 얻었고 IMF외환위기 때 일본으로 연수
를 떠났다

그해 여름 서울이 물난리로 아수라장 되었던 비용은
이듬해 귀국하자 물에 잠겼던 지하실이
반가운 인사 대신 무거운 청구서를 들이밀었다

결혼식 사진이 엉겨붙었고
큰딸 둘째 딸의 어릴 때 사진이 망가졌고
초중고대학교 앨범과 헤어졌다
냉장고 세탁기 TV…도 새로 사야 했고

둘째 아들까지 낳아 세 살까지 살았던
양재동 18-14 한신빌라는
모든 것 가지려 하지 말라고 가르쳐 준
서른 너댓 살의 큰 스승이었다

예술의 전당에 감이 익을 때

예술의 전당에 감꽃이 노랗게 필 때
사랑이 파릇파릇 돋아나고

예당에 땡감이 통통이 살 오를 때
사랑은 떫은 맛 다스리는 열무김치로 큰다

예당에 감이 발갛게 익을 때
사랑도 달콤하게 그대 가슴에 스미고

예당의 감나무에 하얀 눈 소복히 쌓일 때
사랑은 북풍한설 견디며 새꽃을 마련한다

예당이 서른 살 되는 동안
사랑은 귀가 순해지는 고비를 넘겼다

예당이 삶으로 들어와
사랑이 통 통 통 쌓였다

서초역 네거리 900살 향나무의 침묵

아슬아슬하다
두 가지 가운데 하나가 시간공격으로 형제자매 잃고 외로움을 달랜다

조마조마하다
다른 한 가지는 아직 시간 공격에 끄떡없어도 공간공격에선 벗어나지 못한 채 공해를 호소한다

아찔아찔하다
갈수록 나 몰라라 하는 군중 속의 고독으로 정신 줄 언제 놓을까

몽고 침략과 임진왜란과 병자호란과 경술국치와 6.25를 거뜬히 이겨내고
88올림픽과 6.10항쟁을 지켜온 노련함으로도
조국의 양분을 900살 잡수신 향나무는 서초역 네거리에서 말이 없다

국립중앙도서관에서도 시가 흐른다

초침이 문득 멈추고
가을에 잠자던 잠재의식이 깨어난다

소란스럽게 우왕좌왕하던 세사世事가 적막에 빠지고
지혜를 파내려고 돌아가는 머리가 풍경風磬 소리를 낸다

한가위 보름달이 설렌다고
가을이 울긋불긋 타고 있다고
청춘이 저만치 달아난다고
아쉬워하는 발걸음을 달랜다

시인은 죽어서 도서관으로 가고
시인은 살아서 도서관으로 간다

시인이 잠자는 시인을 두드리자
국립중앙도서관에서도 시가 흐른다

누에다리에서 서리풀공원까지

가을이 익어가는 고즈넉한 길이다
찻길과 정보사 철조망으로 끊겼던 길이
누에다리와 서리풀다리로 새롭게 태어난 길이다

하얀 아까시 꽃을 피낸 마루금에 몽마르뜨공원이 서서
기욤 아폴리네르와 아르튀르 랭보와 류근조의 시를 품고
고흐와 고갱과 피카소가 아름다운 꿈을 그리는 길이다

한때 정보사부지사기사건으로 떠들썩했던
서리풀공원이 툭 터진 알밤 사이로
한가람과 노들섬과 행주산성을 한눈에 내려다보고

아버지 뜻에 따라 아우 충녕에게 왕위를 양보한
효령대군의 묘와 청권사清權祠가
욕심을 버리되 욕심을 내라고 알려주는 새김질 길이다

*서리풀공원 : 서초구 반포동에서 방배동까지 이어지는 마루금 공원. 부근에 프랑스인이 많이 사는 서래마을이 있다. 고속터미널과 법원단지 사이의 누에다리에서 바라보는 북한산과 서울의 야경이 아름답다.

제2장
여의도 시범아파트도 역사가 되고

남태령南泰嶺은 여우고개

쏜 살보다 빠르게 쌩쌩 질주하는 자동차들은 알까
즈믄해 묵은 여우가 자주 나타났다는 여우고개, 호현狐峴과
이도령이 청파역에서 말 잡아타고 동재기를 건너 넘은 남태령이 같은 고개였다는 것을,

거북이보다 느리게 가다서다가다서는 자동차들은 알까
관악산 초적草賊이 왜 생겨났는지,
서울이 멀다고 왜 과천부터 기었는지,

진양조로 걸으면 보인다
낙엽 헤치고 불쑥불쑥 돋아나는 쑥과 냉이가
보릿고개를 눈물로 함께 넘던 찔레순이
파랗게 꿈으로 크는 것이

뒷짐 지고 천천히 씹으면 맛있다
땅속으로, 고개 위로, 천 번 넘게 오갔어도 몰랐던 그 맛
두 발로, 온 가슴으로 껴안는 득도의 길 바로 이 맛

*남태령 : 관악산과 우면산 사이에서 서초구 방배동 및 관악구 남현동과 과천시 관문동을 잇는 고개. 해발 183m, 길이 6km.

녹두가 없는 녹두거리

녹두집은 녹두거리로 이름만 남겼다
팽팽했던 스물 젊은이가 반백의 한돌 초로로 바뀌는 동안,

빈대떡에 막걸리 기울이며 밤을 밝혔던 일미집은
행정고시와 외무고시와 변호사 시험을 준비하는 고시촌에 밀려났고
동학과 황해도 빈대떡이 그날의 추억을 더듬으며
박종철거리가 왕약국과 그때의 일을 복기한다

녹두거리에서 녹두를 보셨나요
봉천동 샤로수길로 떠난 사랑이 아쉬운가요
흘러갔다고 아파하지 마세요
때와 물은 끊임없이 흘러 새물과 새때를 맞이하니까요

머릿속에만 있는 녹두집이
녹두거리에서 추억에 젖는 것은 나이 탓이라고 알려주었다

샤로수길에서 찾은 것

머리가 좋지 않은 탓이다
샤로수길이 젊은이들의 뜨거운 곳라고 해서
한 번 두 번 세 번…
찾아와도 왜 샤로수길인지 감이 잡히지 않았다

감꽃이 노랗게 피는 5월에도
땡감이 퍼렇게 살 오르는 8월에도
홍시가 발갛게 익어가는 10월에도
감은 여전히 감감 무소식이었다

한돌環甲이 지난 꼰대 탓인지도 모른다
뭔가 독특한 것을 찾아내려고 하는 구닥다리
있는 그대로 받아들이고 즐기지 못하는 시대착오
일부러 꼬투리를 잡아내고야 마는 심술통이…

그래도 여전히 갸우뚱이다
샤로수길은 국립서울대학교의 상징물인 '샤'와
압구정동의 가로수길을 합한 말이라는데
샤로수길 하면 떠오르는 게 없다

식당 술집 점집 당구장은 많은데

강감찬 장군과 서울대를 이웃으로 둔

샤로수길을 아무리 걸어도 끌리는 곳이 없다

아! 이거다 하는 대표상징을 기다린다

*샤로수길 : 지하철 2호선 서울대입구역 2번 출구 뒤편
 낙성대동(옛 봉천7동)에 있는 젊은이 거리. 2014년부터 조성됐다.

신림역 4번 출구는 억울하다

신림역 4번출구는 억울하다
일년 열두 달 삼백육십오 일을
하루 이십사 시간 연중무휴로
묵묵히 시민들의 길이 되었는데
하루아침에 스폿라이트 세례를 받았다

불볕더위로 헉헉대던 중복 날 낮 2시7분
신림역 4번출구와 남부순환로 176길은
한낮의 칼부림에 사시나무처럼 떨었고
1명이 죽고 3명이 크게 다친 뒤에야
겨우 죽음의 공포에서 벗어났다

신림역 4번출구는 순대골목이 있는 곳이었다
대학 다닐 때 막걸리 생각나면 들르던 곳
얼마 전까지도 벗과 만나 옛일을 더듬어보던 곳
수많은 사람들이 평화롭게 오가던 곳이
상상하기만 해도 몸서리쳐지는 살인현장이 되었다

트라우마는 쉽게 가라앉지 않았다
분당 서현역 AK플라자 칼부림으로
2명이 죽고 12명이 크게 다쳤고
묻지마 칼부림을 예고하는 SNS로
국민들이 떨었다, 사회가 흔들렸다

대림중앙시장의 느낌표

가을 하늘에 파란 느낌표가 찍혔습니다
대림역 12번 출구에서 대림중앙시장까지 걸어가는 길에서
길림성 연길에서 만났던 찐빵 월병 오리알 큰번데기…가
자꾸 자꾸 말을 걸어왔습니다

우리는 조선족이 아닙니다
러시아와 중앙아시아에 사는 한국사람이 고려인이 아니듯
미국에 사는 한국인은 재미동포로
일본에 사는 한국인은 재일동포로
유럽 아프리카 아메리카에 사는
한국인은 해외동포로 부르듯
조선족은 재중동포로
고려인은 재러동포로
불러야 마땅하다는 말이었습니다

차이나가 조선족이라 부르는 사람들과
러시아가 고려인이라 부르는 사람들은
조선말과 일제강점기 때 살 길을 찾아
항일독립투쟁을 하려고 목숨 걸고 국경을 넘었던
대한사람들입니다

*대림중앙시장 : 영등포구 대림동 1072-25에 있다. 부근에 재중동포들이 많이 살고 있어 한국에서 차이나의 느낌을 많이 맛볼 수 있는 곳이다.

김영삼 대통령 상도동 집

사람은 가도 역사는 남는다
닭의 모가지를 비틀어도 새벽은 온다며
유신체제와 맞장을 떴고
집 밖으로 나오지 못하게 가택연금시키고 총으로 입을 막자
스무사흘 동안의 목숨 건 단식으로
군사철권통치를 무너뜨리는 초석을 만들었다

1969년 봄부터 2015년 초겨울까지
46년 동안 역사의 한 마당을 장식했던
상도동 7-6번지, 2층 양옥집이
사람은 떠나도 진실은 펄떡펄떡 살아
사심을 버려야 역사를 얻는다고
침묵으로 가르치고 있다

*김영삼金泳三(1927~2015) 대통령 상도동 집 : 1969년 봄부터
서거할 때까지 46년 동안 살았던 집. 서울미래유산으로 지정됐다.

양녕대군은 숭례문으로 남고

임금 자리가 그리웠을까

유택이 북쪽을 향하고 있다

한가람 넘어 바로 한 발자국

풍류는 가고 아쉬움이 남았다

셋째 충녕이 괘씸했을까

충녕의 아들 수양대군이 쿠데타를 일으켰을 때

집안과 왕가의 어른으로서 타이르지 않고, 오히려

협력했다, 어린 조카는 영월에서 사약마시고 죽었는데

숭례문崇禮門 현판으로 남았다

그때 그곳에서의 일들은 역사로 기록됐고

국사봉 아래 지덕사至德祠는, 사육신묘를 바라보며

강봉降封이 양위讓位로 바뀌어 빛나고 있다

*양녕대군讓寧大君(1394~1462) : 태종의 적장자로 1440년 왕세자에 책봉됐다가 1418년 대군으로 강봉됐다. 활쏘기와 사냥 및 풍류를 즐기고 예교禮敎에 얽매이지 않은 행실로 태종과 갈등을 일으켰기 때문. 이름은 이제李禔. 1453년 수양대군 쿠데타 때 협력했다.

대방동 유한양행 앞의 실미도

거기 죽어서도 죽지 못한 아우성이 살아있다
나라 위해 싸우지 못하고 국민의 손가락질 받으며 죽는 게 억울했던*
684부대 51명 부대원의 흐느낌이 젖어 있다

하루 두 번 썰물 때 걸어서 갈 수 있어도 사람은 살지 않는 실미도
둘레 육 킬로미터, 넓이 7만5870평의 아담한 열매 꼬리 몸집에
갈매기와 파도가 평화롭게 노래하는 곳에서
김일성의 목을 따겠다며 마흔 달 동안 모진 살인훈련으로

인간병기로 만들어졌던 훈련병 31명은
사람으로서 누려야 할 인권과 사람으로 살아야 할 행복을
송두리째 빼앗긴 채 공비共匪라는 누명을 쓰고
대방동 유한양행 앞에서 폭사하고, 살아남은 사람은 사형당했다

영화로 만들어져 사상 처음으로 관객 1000만을

넘은

    실미도의 684부대는 만들어진 지 55년이 흘렀어도

    훈련병 31명과 기간병 24명의 삶과 죽음이

    비밀의 문을 활짝 열라고 외치고 있다

*사형이 집행된 이서천 684부대원의 유언. 684부대 31명
훈련병은 즉결처형과 훈련 중에 7명이 죽고, 1971년 8월23일
서울 대방동 유한양행 앞에서 수류탄 자폭으로 20명이 죽은 뒤,
4명은 군사재판에서 사형선고를 받고 집행됐다.

한강방어선전투 전사자명비의 숨바꼭질

이곳에 이런 소중한 게 있는 줄 몰랐어요
이곳을 지키려고 목숨을 바친 수많은 영아들의
한 맺힌 몸부림이 숨어 있을 줄 꿈에도 몰랐어요

얼굴을 보니 나이가 그다지 많지 않아 보이는데
배운용 소령, 유상재 중위, 황홍귀 일병, 강창성 순경⋯
끝없이 이어지는 전사자들 덕분에
1950년 6월28일부터 7월3일까지 6일 동안
공산군의 남하를 저지했던 사실이 뒤에 숨어야 할까요

그해 그달 그날 새벽 2시30분
한강인도교가 서둘러 폭파돼
차량 50여대가 물에 빠지고 경찰 77명이 죽은
어처구니없는 일이 벌어진 것이 부끄러워서였을까요

세조의 올바름과 충돌한 사육신의 정의가 묻힌
사육신묘 동쪽 아래 노들나루공원 축구장 옆에
숨바꼭질 하듯 서있는 한강방어선전투 전사자명비가
저녁노을에 발갛게 울고 있네요

*노들나루공원 : 동작구 본동 258-1, 상도터널 건너편 한강대교
남단에 있다.

동작구 본동 47-26

어제를 바탕 삼아
오늘을 절실히 살 일이다
앞날에 어떤 일이 일어날지는 하늘만이 아는 것

한가람과 노들섬을 내려볼 수 있는
상도터널 옆 본동에서 셋방살이 할 때
첫째와 둘째 딸이 한 살과 세 살 때

젊다는 게 한 밑천이라고 우쭐대며
천방지축으로 나돌아다니며
내일은 없고 오늘만 영원할 것이라고 착각했을 때

세월은 어김없이 흘러
첫째와 둘째 딸이 그때 나보다 나이가 더 많아졌어도
본동 그 골목은 그때 그대로였어도

셋방 살던 집도 세월의 무게를 힘겨워하고
예쁘게 새로 지었던 큰어머니 큰아버지 살던 집은
어르신 쉼터로 바뀌어 새날을 준비하고 있었다

한강수사자조혼비 漢江水死者弔魂碑

이레 사이에 초대형 태풍 2개가 몰아쳤다
장마전선이 겹쳐 시간당 300mm 비가 퍼부었다
한강 둑이 군데군데 터지고 서울은 물바다 됐다

동부이촌동 뚝섬 풍납동 등에서
순식간에 517명이 빠져 죽거나 실종됐다
집 만이천여 채가 휩쓸려 떠내려갔고
남한산성과 북한산성의 행궁이 사라졌다

뚝섬 샛강이 넓어지고 잠실은 오십 년 동안 잊혔다
송파강과 송파나루와 송파시장이 없어지고
치우천황에 제사 지내던 뚝섬의 둑纛신사도 먹혔다

성난 자연은 무서웠다
힘없고 가난한 민초들이 영문도 모른 채
하늘도 무심하시지만 되뇌었다

무심한 물줄기도 한 조각 양심은 있었다
풍납토성 서쪽 벽을 뚝 잘라 백제를 드러냈고
암사동에 조상 살았던 선사유적지도 보여줬다

일제강점과 6.25전쟁과 근대화와 민주화를 거치며

1925년 을축년에 대홍수가 있었다는 사실이 가물가물해졌을 때

한강수사자조혼비漢江水死者弔魂碑가 발견됐다

용산기자단이 1929년 6월에 세운 위령비가

탐진치貪嗔癡 3독에 빠져 갈수록 오만해지는

인간들에게 자연의 화딱지를 되새겨주고 있다

*한강수사자조혼비는 한강대교 남단 동쪽, '심훈 시 공원' 아래
 한강 변에 있다.

노량진수산시장에서 삶을 보다

삶과 죽음이 엇갈리는 마당이다
너의 죽음으로 내가 사니
너의 죽음을 헛되지 않게 함이
산 내가 할 일이로다

민어 농어 참다랑어 같은 귀족과
제철을 맞은 전어 꽃게 꼬막 독도새우와
언제나 멋을 자랑하는 제주은갈치와
못생겨도 맛이 좋은 홍어 도치 아귀와
아무 때나 찾을 수 있는 오징어 고등어 전복…이

서울역 북쪽 염천교 부근에 1927년 처음 생기고
1971년에 한강을 바라보는 노량진으로 이사한 뒤
옛 수산시장 건물 있던 곳은 축구장과 야구장이 되고
새로 지은 수산시장에서 손님들의 눈길을 기다린다

아직도 노량진역으로 건너가는 육교 위에서는
새 수산시장을 반대하는 싸움을 이어가는데
축구장과 야구장에선 서맥판페가 열렸다*
삶과 죽음이 엇갈리는 마당은 계속 이어지고 있다

*서맥판페 : 서울맥주판타스틱페스티벌(Seoul Beer Fantastic Festival)의 준말. 2023년 10월6일부터 15일까지 열렸다.

생태공원으로 거듭난 샛강

샛강이 생태공원으로 옷을 갈아입자
떠났던 수달이 돌아오고
왜가리가 시간을 낚는다

도인(都人)들은 맨발로 건강을 다스리고
젊은이들은 사랑을 속삭이는 사이
자전거는 제 갈 길을 쌩쌩 달려간다

가을은 샛강을 간지르고
샛강은 세월을 꼬드기는데
세월은 진양조로 삶을 익히며
서쪽하늘로 한 발 한 발 발갛게 다가간다

*여의도샛강생태공원 : 영등포구 여의도동 샛강에 1997년 9월25일 개장했다. 6km에 이르는 산책길은 갈대와 물억새가 무성하다. 대한민국에서 처음 만들어진 생태공원으로 천연기념물 제323호인 황조롱이와 흰뺨검둥오리 왜가리 버들치 수달 등이 산다.

여의도 시범아파트도 역사가 되고

    시범의 서울미래유산 가치는
    재건축으로 올라가는 가격 앞에 무릎꿇었다

    부수고 다시 짓는 게
    100년 200년 가도록 튼튼한 것보다 더 축하받는 역설 속에서
    아직도 튼튼한데 안락사하는 게 억울해도
    시범의 유효기간은 겨우 52년이었다

    와우아파트 붕괴로 와르르 무너진 신뢰를 되찾기 위해
    튼튼하게 층간소음도 없이 가장 높은 12층아파트로 시범을 보였지만
    새것이 비싸다는 돈의법칙은 자연과 역사와 가치의 법칙도 무너뜨렸다

    휑한 모래밭에 버스노선도 없어 어찌 살까 하던 걱정은
    나라가 손발 걷고 하는 일이 터뜨린 대박에 웃음꽃 피었고
    재건축 허가로 다시 대박의 축포가 터지고 있다

*여의도시범아파트 : 여의도에서 가장 이른 1971년에 27개동 1584가구로 입주했다. 서울시가 2023년 10월4일, '여의도 시범아파트 재건축'을 승인해 65층 2466가구로 탈바꿈될 예정이다.

아담길의 어린 왕자

다람쥐 쳇바퀴 도는 삶에서
문득 한 발짝만 벗어나 보세요

어린왕자에서 나를 만나고
어린왕자와 대화하며 나를 찾을 수 있을 거예요

가장 중요한 것은
마음으로 봐야 잘 보이잖아요

내가 너를, 네가 나를 길들인다는 건
나는 너에게, 너는 나에게
오직 하나뿐인 존재가 되는 것이고요

여의도공원 북쪽, 한가람 가까운 곳,
아담我談길을 진양조로 걸어보세요

어색했던 내가 부드러워지고
찌푸렸던 얼굴이 환하게 피어날 거예요

무노동 무임금의 치외법권 국회의사당

쭉쭉빵빵으로 뻗은 춘양목이 아니라
땅을 향해 옆으로 기는 와송臥松 때문일까
권한만 있고 책임이 없는 국회의원들은
무노동 무임금의 치외법권에 안주한다

나아가는 배의 뒤인 여의도 서쪽 끝에 세워져
일은 하지 않고 싸움박질로 날 샌다는 풍수지리 탓일까
동물국회와 식물국회라는 오명을 뒤집어쓰고도
부끄러워하는 뱃지들을 찾아보기 힘들다

얽히고설킨 갈등을 술술술 풀어내
너와 내가 함께 어울려 잘 사는 사회,
두 쪽 난 나라를 통일해 큰 국가,
이룩하라는 주인의 뜻을 깡그리 무시하고

우리와 나라는 없고 오로지 내 편 네 편으로 갈려
갈수록 어려워지는 민생과 나날이 심각해지는 대낮칼부림을 외면한 채
멸공봉사滅公奉私를 위한 싸움터가 된 국회의사당 지붕을 뚫고
로봇 태권브이가 떨쳐 일어나 세충稅蟲이들을 몰아내는 꿈을 꾼다
멸사봉공하는 참된 선량들이 일하는 국회의사당을 꿈꾼다

증산? 증미산! 염창산…

내비게이션에 증미산이라고 입력하니 염창산으로 뜬다
잘못한 줄 알고 다시 넣자 염창산이라고 신경질부린다
고집 센 내비를 믿고, 가서 보고서야 느낌표 달았다

옛날 책에는 증산^{拯山}으로 나오고
사람들은 증미산^{拯米山}이라고 불렀는데
소금창고가 있던 이곳 이름이 염창^{鹽倉}이라서
자연스럽게 염창산이 되었단다

멋진 곳에는 아름다운 이야기가 저절로 생겨난다
옛날 염창에 두미암이라는 바위산과 영벽정이라는 정자가 있었다 어느 날 맑은 하늘에 먹구름이 몰려오더니 집채 같은 바위가 마을로 날아와 마을 사람들이 벌벌 떨었다 이 얘기를 들은 김말손 장군이 활을 들고 귀신바위를 찾아가 귀신을 쏘아 죽이고 귀신바위 옆에 영벽정을 세웠다…

지금은?
햇살과 그늘이 좋은 날
증산 증미산 염창산에서 일석삼조를 얻는다
코로나에 찌들었던 뽐이 '영벽정'에서 포송포송 펴진다

궁산 소악루의 왕둘보름달

바람은 한가람에 잔잔하게 소곤대고
달님은 부끄러워 구름에 숨었는데
쓰레기 기적 이룬 하늘공원이 어서 오라 손짓하고
올림픽대로를 질주하는 자동차는 삼각산을 잊었다

보름달이 지구에서 가장 가깝게 다가와
한 달에 두 번 환하게 속삭이는 왕둘보름달은
한가람에도 뜨고 내 마음에도 뜨고
그대 술잔과 눈동자와 가슴에 뜬다는 데

고즈넉하게 즐기려고 하루 이른
백중百中날에 살포시 올라보니
겸재의 질투가 저녁노을보다 붉어
동쪽 하늘을 구름으로 가득 채웠다

비가 그쳐 시원하니 모기 입도 비뚤어졌고
귀뚜라미의 세레나데가 궁산에 울려 퍼지자
파크원 네온사인 너머로 123층 불빛이 아련하게
한가위 땐 확실히 뜬다며 발간색 신호를 보내고 있었다

*강서구 가양동 궁산宮山(76m)에 영조 때 이유(1675~1757)가
 악양루岳陽樓 터에 지은 누각. 겸재 정선鄭敾(1676~1759)이
 이 누각을 그린 〈소악루〉가 전한다.
*왕둘보름달 : 슈퍼 블루문을 필자가 우리말로 번역했다.

박정희대통령기념관에서

박정희대통령기념관은
박정희 대통령의 삶을 닮아 있다

경제가 발전한 사실을 보는 사람들은
박정희대통령기념관에 동상을 설립하려 하고
인권을 억압한 독재를 보는 사람들은
박정희대통령기념관 설립 자체를 부정한다

4.19혁명 뒤의 혼란상황을 바로잡겠다는
5.16쿠데타는 초기에 국민들의 지지를 받았으나
3선개헌과 유신헌법으로 종신대통령의 꿈을 꾸다
궁정동에서 김재규의 총알을 맞은 비극이 여전히 이어진다

어릴 때 소박했던 삶의 자취와
5.16 막전막후의 긴장됐던 순간과
경제개발 과정을 오롯이 담고 있는

박정희대통령기념관은
어떻게 살아야 하는지를 알려준다

*박정희대통령기념관 : 마포구 월드컵로 386(상암동)에 있다.
김대중 대통령이 국고 200억원을 지원해 2002년까지 건립하겠다고
약속했으나, 시민단체들의 반대로 착공이 2002년으로 늦춰졌고,
노무현 대통령은 국고보조금 회수를 명령해 공사를 중단시켰다.
박정희대통령기념사업회는 행정소송을 제기한 뒤 승소해 2010년에
공사를 재개하고 2012년에 개관했다.

도화동에는 복사꽃이 피지 않는다

복사꽃이 연분홍으로 발간 건
사랑하는 외동딸을 옥황상제 며느리로 보내고
딸이 그리워 눈물 흘리는 아부지의 눈동자를 닮아서
라는군

해마다 4월이면
복사꽃이 발갛게 흐드러지는 건
아부지를 그리는 딸의 눈물이 꽃눈으로 하늘하늘 춤
춰서라는군

서울 삼개나루 언덕
흰돌이 밤섬을 바라보고
마포종점이 있던 곳에
복사꽃이 철 돼도 찾아오지 않는 건

도화낭자가 떠난 뒤
그 아부지도 떠난 뒤
흰돌마저 기약 없이 떠난 뒤

마포종점마저 없어지고
도화낭자와 흰돌의 기억마저 사라져
콘크리트 틈에 발간 꽃 피울 수 없기 때문이라는군

복덕방 막걸리의 겉바속촉

겉은 바삭하고 속은 촉촉했다
서울시 마포구 망원동 414-14
주택가에 살림집처럼 아담한 복덕방은

막걸리처럼 은근한 사장님의 푸근한 설명과
방방곡곡에서 사장님의 간택을 받은 무조미료 막걸리와
사장님의 어머니께서 정성으로 만들어 주신 두부김치와
둘 셋만 앉아 은은한 음악이 한데 어울리는 흐름으로
발 닿는 대로 걷다 우연히 만난 행복이었다

겉바속촉은 약속이었다
한 잔은 그대와의 만남을 위하여
한 잔은 멋진 장소를 기념하여
한 잔은 깊고 깊은 사랑을 위하여

두부김치에 시간이 춤추고
도토리묵에 사연이 쌓이고
메밀전병에 밤이 멈춰 섰다

'마포종점'으로만 남은 마포종점

    은방울자매가 부른 〈마포종점〉조차 희미해져 가는 데
    서울전차 마포종점이 불교방송 자리에 있었는지
    바로 그곳에서 3.1대한독립만세함성이 퍼졌는지
    바로 이곳에서 백 석이 수필 〈마포〉를 썼는지는
    잊힌 역사가 되었고 알려고도 않는 과거로 묻혔다

    마포종점에서 비탈길을 오르면 만나는 벽산빌라는
    미국에서 돌아온 이승만이 울분 삭히던 마포장麻浦莊이 있었고
    바로 그곳에는 전중무웅田中武雄 조선총독부 정무총감의 별장이 있었고
    안평대군이 지은 담담정淡淡亭을 세조가 신숙주에게 하사한 별장이었다는
    사실은 정순조 때 도화서 화원이던 초원蕉園이 남긴 담담정澹澹亭도에만 남아있는데

    자투리 짬이 배움이었다
    별영창別營倉고개가 벼랑고개가 되고
    빼어나게 아름다웠던 읍청루挹淸樓가 사라진 곳엔 콘크리트건물이 옛물배움이를 비웃고 있었다

돌아오지 않은 사람 기다린들 무엇하나

첫사랑 떠나간 종점 마포는 서글퍼라며*

마포종점이 가냘프게 흐르고 있었다

*은방울자매가 1968년 7월에 발표한 노래 〈마포종점〉
1절의 뒷부분. 서울전차는 〈마포종점〉이 나온 뒤 4개월만인
그해 11월에 없어졌다.

정몽주 동상의 물음표

합정동에서 질주한 자동차와
강북강변도로에서 빠져나온 차들이
행인을 위협하는
양화대교 북쪽 끝에

정몽주 동상이
물음표를 잔뜩 품고 서 있다
밝은 아침 해 담뿍 받으며…

고향 영천도 아니고
죽은 개성 선죽교도 아니고
묘가 있는 용인도 아니고
찾는 사람이 많은 곳도 아닌데

바로 건너편,
양화진외국인묘역에 잠들어 있는
대한사람보다 더 대한을 사랑했던
파란 눈을 가진 사람들의 헌신을 깨우치려 함일까

덕은 외롭지 않고
반드시 이웃이 있다던데

올바름을 죽음으로 지킨 의로움은

발길 눈길 가슴길과 떨어져

허공과 사귀고 있다

*마포구 합정동 401-2, 양화대교 북단에 1970년 10월16일에
건립된 정몽주(1337~1392) 동상이 있다.

망원시장과 망리단길의 시

망원시장에서 막걸리를 안주 삼아 파전을 먹고
망리단길을 별과 숨바꼭질하며 걸으면
시월의 밤은 그냥 시가 되는 게 아님을 안다

말에서 말이 나와
말을 잇고 또 말이 되어
삶은 말이 되고
말이 시가 되는 밤

자리가 많지 않아
긴 줄을 서서
사랑은, 느긋하게 기다리는
인내의 미학에서 시작됨을 깨닫는다

멀리 바라봄이 안주로 익어
반쯤 먹은 달이 발갛게 물드는
시월의 밤이 문득 시로 손짓할 때까지….

*망원시장 : 마포구 망원동 414-109, 지하철 6호선 망원역 2번 출구에서 가깝다. 망원1동주민센터를 중심으로 길게 망리단길이 형성돼 있다.

홍익문고에서 청춘을 읽다

홍익문고에서 조병화의 시집
"만나는 거와 떠나는 거와"를 사서
좋아하는 사람에게 줄 시집으로는
어울리지 않는다는 것조차 알지 못한 채

연세대 굴다리 앞 독수리다방에서
생일축하해라며 쑥쓰럽게 건네주던 사연은
야속한 세월과 무심한 사랑과 함께 옅어졌는데

홍익문고는 수많은 추억을 가득 담고
옛 자리에서 멋진 옷으로 갈아입었고
독수리다방도 독수리빌딩 8층에서
새로운 살림 차려 새 손님 맞이하는데

시집도 시집 받은 사람도 모두 떠나버린 자리에
시집 준 사람이 문득 가을을 익히러 오자
거리의 피아니스트가 선뜻 타임머신을 돌렸다

*홍익문고 : 1957년에 문을 연 신촌의 대표서점. 서대문구 창천동 18-4, 지하철2호선 신촌역 3번 출구에 있다.
독수리다방: 연세대 앞, 서대문구 창천동 31-4 독수리빌딩 8층에 있다.

청춘연가1992동교동의 사랑

청춘은 가는 게 아니란다
청춘은 바로 지금 여기,

동교동에서 연남동으로 이어지는
청춘연가에서 팔딱팔딱 뛰고 있단다

대포는 사랑이고
은희 사장은 바람이란다

봄은 막걸리로 오고
막걸리는 사랑으로 흐른단다

사랑은 벗으로 함께 하고
벗은 세월로 깊어간단다

음식맛은 화장실에서 나온다

머리에는 창의가
얼굴에는 예절이
입에는 친절이
손에는 노동이*

배어있는 식당의 음식은 맛있다
창의와 예절과 친절과 노동이 어우러져

보쌈은 더욱 맛있다
파전은 더욱 촉촉하다
막걸리는 더욱 향기롭다

서대문과 충정로 중간쯤
경의선 육교 부근에 있는
시골바지락손칼국수 맛은 화장실에서 솔솔 풍겼다

*시골바지락손칼국수(서대문구 충정로3가 190-25) 화장실에
 붙어 있는 글귀.

윌리엄 쇼 대위의 한국사랑

그는 미국인이었지만
한국사람보다 한국을 더 사랑했습니다

1922년 평양에서 태어난
윌리엄 해밀턴 쇼 대위는
6.25전쟁에 스스로 참전해서 1950년 9월22일,
스물아홉 꽃다운 나이에 전사했습니다

하버드대학 철학과에서 박사과정 공부를 하던
그는 제2의 조국인 한국의 자유와 평화를 지키기 위해
단 하나뿐인 목숨을 기꺼이 바쳤습니다

인천상륙작전 때 맥아더장군을 보좌했고
서울을 수복하기 위해 신촌노고산 전투 등에서
승전보를 알린 뒤 응암동 35-1 냉정약수터 부근에서
적의 기관총세례를 받고 먼길을 떠났습니다

그는 떨어지지 않는 발길을 어쩔 수 없이 떼야야 했지만
그의 넋은 양화진 외국인선교사묘역에 아버지와 함께 머물고
그의 얼은 녹번동 은평평화공원에서 동상과 기념비로 살아있습니다

*윌리엄 쇼 대위 동상과 기념비는 은평평화공원(은평구 녹번동 153-46)에 있다.

대성집 도가니탕

바람은 홀로 바람이 되어 날아올랐다
파랗게 단장한 하늘이 가을을 부르는데
대성집 도가니탕의 도가니가 줄어 가슴이 시렸다

폐렴을 찐하게 앓아 홀쭉해진 몸에도
옛벗의 마음은 그대로인데
그 마음을 잊지 못해 일부러 찾아왔는데

팍팍해진 살림살이는 여기서도 힘들었다
깍두기와 김치와 고추장무침마늘을 더 달래서
홀쭉해진 도가니탕의 몸집을 키우자

막걸리가 슬쩍 미소를 보냈다
애기단풍이 발갛게 익은 얼굴로 대답하고
노랗게 익은 은행이 그러지 말라며 쿠린내로 화답했다

*대성집 : 종로구 행촌동 209-35, 지하철 3호선 3번 출구에서
사직터널 쪽에 있다.

제3장
청와대에 세종대왕기념관을

청와대에 세종대왕기념관을

우리에겐 꿈이 있습니다
청와대에 세종대왕기념관을 짓는 꿈입니다

대한민국 권력의 중심지에서
대한민국의 주인인 국민의 품으로 돌아온
청와대에, 백성을 어여삐 여겨 훈민정음을 창제한
세종대왕기념관을 세우는 멋진 꿈입니다

청와대는, 세종대왕이 사시던
경복궁의 뒤에 있는 후원이었습니다
세종대왕은 통인시장 부근에서 태어나
조선4대 임금으로 즉위할 때까지 살았습니다

세종대왕이 태어나신 곳은
청와대에서 아주 가까운 곳인데
집터는 사라지고 표지석만
꿰다놓은 보릿자루처럼 초라하게 서 있습니다

대한민국의 아이콘이자 한류 바람의 근원인
훈민정음, 한글을 창제한 세종대왕의 애민정신을 드높일
세종대왕기념관을 청와대에 만드는 꿈이 실현되면
한글과 대한민국의 품격은 더욱 높아질 것입니다

세종대왕 나신 곳

　청와대 옆 통인시장 앞을 걷다가
　문득 '세종대왕 나신 곳'이라는 표지석을 발견하고
　꿔다 놓은 보릿자루처럼 초라한 모습에
　얼굴이 화끈 달아올랐다

　둘러봐도 그럴듯한 집이 보이지 않아 당황했고
　한글을 사랑하고 세종대왕을 존경한다고 하면서
　세종대왕이 어디서 태어나 어디서 자랐는지도
　모르는 곳부지가 쥐구멍을 찾게 했다

　통영과 거제는 유치환 시인의 생가를 놓고 다투고
　파주 민통선 안에서 허준 묘가 발견되기 전까지
　그가 잠시 살았던 고장에선 그곳에 묘가 있다고 주장했는데
　태종의 준수방 잠저에서 태어났다는 실록 기록도 있는데

　세계에서 가장 뛰어난 한글을 만들고
　백성을 사랑한 성군이라고 추앙받는
　세종대왕 태어난 집이 일제강점기 때 없어진 뒤
　100년 넘도록 복원되지 않음에 할 말을 잊었다

광화문 월대가 다시 돌아왔다

나는 오늘 왕이 되어
100년 동안 짓밟히다 돌아온 역사를 밟으며
광화문을 지나 근정전을 거쳐 향원정까지 걸었다

조선의 정궁인 경복궁의 품격을 떨어뜨려
대한제국을 불법적으로 강탈한 만행을 합리화하려고
광화문 앞 월대를 없애고 전차 길을 내고
경복궁 근정전 앞 건물을 허물고 조선총독부를 짓고
광화문마저 뜯어 건춘문 쪽으로 옮긴
일제의 만행을 음미하면서 진양조로 걸었다

길이 48.8m, 너비 29.9m 규모의 광화문 월대는
세종로로 바뀐 육조거리를 향해 뻗어 있었고
가운데에 너비 7m의 왕이 다니는 길 어도御道를 마련해
왕이 백성과 직접 만나 민의를 듣는 장소였는데

임진왜란 때 불타 270여년 동안 폐허로 방치된
경복궁을 흥선대원군이 복원하면서 만든 뒤
일제가 1923년에 훼손한 광화문 월대를
왕의 모습으로 역사가 바로잡힌 것을 보았다

*문화재청이 2006년부터 추진한 '광화문 월대 복원'이 끝나
2023년 10월15일 오후 6시에 공개됐다.

'서울의 찬가' 노래비

하나 또 찾은 숨겨진 보물은
세종로공영주차장 입구 옆에서
꿔다놓은 보릿자루처럼 어색하게
자책하듯 우물쭈물 서 있었다

세종문화회관 옆 세종로공원에
서울 4대문 안에 최초로 건립된
대중가요 노래비, '서울의 찬가'는
서른 살 애늙은이로 몸살을 앓고 있었다

종과 꽃과 새가 흐릿해지고
아름다운 서울도 첫사랑만큼 잊히며
살아있는 것은 시간공격에 허물어지고
죽은 것은 마음공격에 아파하고 있었다

*〈서울의 찬가〉는 작곡가 길옥윤(본명 최치정, 1927~1955)이
1966년에 작사 작곡하고, 당시 그의 아내였던
가수 패티김(1938~)이 부른 노래로, 1995년10월
세종로공원에 '서울의 찬가 노래비'가 세워졌다.

세종로공원 조선어학회한글수호기념탑

10월 9일엔 조선어학회한글수호기념탑에 가서
일제강점기 때 한글을 지키려다 일제에 죽임당한
이윤재 선생과 한징 선생을 기억하자

가서 보면 알리라
일제의 한글 탄압이 얼마나 악랄했는지

가서 보면 밝혀지리라
누가 민족과 역사를 배반하고 일제에 협력했는지

한글날엔 광화문광장에 가서
훈민정음을 만든 세종대왕을 뵙고
21세기에 우뚝 선 한글사랑을 새김질하자

가서 보면 환해지리라
왜 지구 곳곳에서 한글 찾아 대한민국에 오는지

가서 보면 다짐하리라
하늘과 땅과 사람의 조화로운 훈민정음의 참뜻을

*조선어학회한글수호기념탑 : 세종로 세종문화회관과
정부종합청사 사이의 세종로공원에 있다.

카페 '가을'은 늘 여름

가을이 미쳤다
JBD에서 가을을 안주 삼아 막걸리 한 잔 들이켠 뒤
오줌보가 꽉 차서 서둘러 간 화장실 옆에

가을은 한바탕 여름이었다
철부지와 철부지 되고픈 얼뜨기들과
철부지와 얼뜨기들의 껍질을 벗기려 하는 칼잽이들이
얽히고설켜 넋을 잃은 곳에서

가을이 죽고 있었다
너도 저 광란에 들어가고 싶어 질투하는 거잖아라는
손가락질에 딱 부러지게 아니라고 하지 못하는 비겁!

그래, 똑같은 거야
주머니 사정만 달랐을 뿐
고삐는 돈이 쥐고 있었던 거지
안 그래?

*JBD : 종로빈대떡의 등록상표.

동아일보 옛 사옥에서 심훈을 읽다

동아일보를 만들던 건물이
일민미술관으로 바뀌었어도
건물은 그때 이곳에서 있었던 일을 생생히 기억하고 있다

1936년 8월13일 화요일
동아일보 2면과 조선중앙일보 4면에 월계관을 쓴
손기정 선수 사진이 실렸다

열이틀 전 베를린올림픽 마라톤에서
금메달을 따고 시상대에 오른
손기정 가슴에 달린 일장기를 지운 채였다

일제는 이를 트집 잡아
동아일보를 8월29일부터 1937년 6월3일까지
9개월 동안 정간시켰고
조선중앙일보는 9월5일부터 자진 휴간한 뒤 폐간됐다

동아일보에 장편소설 〈상록수〉를 연재했던
심훈은 손기정의 낭보를 전한 신문 여백에
'오오, 조선의 남아여!'라는 축시를 썼다
 조선총독부를 감시하기 위해 광화문 네거리에 지은

동아일보 옛 사옥은 일장기말소와 상록수 정신을
고층빌딩 사이에서 주눅들지 않고 알려주고 있다

*동아일보 옛 사옥 : 1926년 종로구 서린동 159-3에 지은 지하1층
지상3층 건물. 뒤에 지하1층 지상6층으로 개축돼 현재는
일민미술관으로 쓰인다. 2001년 4월6일, 서울시 유형문화재로
지정됐다.

오감부대에서 잃은 입맛을 찾다

집 나간 입맛이 돌아옵니다
묵은지 깊은 맛이 입에서 우러납니다
봄 여름 갈 겨울 변함없이 한결같습니다

군산에서 태어난 예쁜 사장님의 마음이
문화예술학 박사의 고운 손과 버무려져
달고 맵고 짜고 쓰고 신 다섯 맛을
시청후미촉視聽嗅味觸 오감만족으로 발효시킵니다

멀리서 찾지 마세요
광화문광장에서 이백 걸음
피맛골에서 서른 걸음

6년 연속 미슐랭에 등재된
메밀국수 맛집, 광화문미진이 있는
르메이에르종로타운 지하2층에서
여러분의 사철 입맛을 확인해 보세요

우미관터에서 그 영화를 그리워하다

　상상력은 시간의 제곱에 역비례한다
　일제강점기 대한사람들의 아픈 가슴을 달래며
　야인시대 종로파 김두한의 전설을 만들어 낸
　우미관은, 대로변에 보일 듯 말 듯 표지석으로만
　아슬아슬하게, 그날의 영화를 하소연한다

　호텔과 음식점은 우미관의 전설을 모두 잊은 듯
　야인시대 후손들은 무심한 도인(都人)이 되어
　속도의 노예로서 삶의 멋을 잃었다
　가면 갈수록 옅어지는 기억은
　치매에 시달리는 개발연대의 할머니 할아버지들
의 라떼로만 존재하고

　우미관 구경 안 하고 서울 다녀왔다는 것은 거짓
말일 정도로
　영화를 누렸던 우미관은, 단성사 조선극장과 함께
　세월의 법칙에 따라 추억의 역사로 넘어갔는데
　카츄사 파우스트를 본 뒤 한 잔 술로 품평회하던
　관철동도, 젊은이가 오지 않는 젊음의 거리가 되
고 있다

전태일 기념관에서

두 평을 아시나요?

두 사람이 겨우 누울 수 있는 좁디 좁은 곳에서
13명이 재봉틀 앞에 앉아 일하는 게 어떤 뜻인지
상상 한 번 해 보셨나요?

햇볕도 들지 않는 다락방
어두운 형광등 아래서
하루 14시간 씩 일해야 했던 곳

폴폴 날리는 먼지가
코로 기관지로 빨려 들어가
허파를 공격해대는 바로 그곳

보는 것은
전태일 기념관에서 반성문을 쓴다
나는 지구 최빈국에서 G13로 올라서기 위해 흘린
그분들의 피땀을 기억하는가
35도에 못살겠다며 에어컨 켜고
영하 10도에도 얼어죽겠다고 아우성치며
두 평의 의미를 제대로 알기나 하는가

*전태일全泰壹(1948~1970) : 청계천 평화시장에서 봉제노동자로 일하면서 열악한 노동조건을 개선하기 위해 노력하다 "노동자는 기계가 아니다"라고 외치며 분신 자살했다.

힙지로에서 시를 만나다

골목은 이야기 보따리입니다
옛날 사람들의 숨결이 고스란히 남아 있는
을지로3가역 11번 출구, 골뱅이골목에선
고당古堂이 흐뭇한 미소를 피워냅니다

내가 이해하지 못한다고
현실이 없어지는 건 아닙니다
내가 따라부르지 못해도
BTS와 뉴진스가 케이팝의 세계표준이듯

옛 골목이 젊음으로 되살아납니다
을지로는 어느새 힙지로로 바뀌어
내가 어울리지 않아도
젊은이들이 불볕더위를 뚫고 찾아옵니다

지구는 돌고 문화는 진화합니다
인쇄소 조명가게 공구상…이 늘어섰던 을지로는
꽃지로 장만옥 공간갑 줄리아…가 깃든 힙지로가 되어
뜻과 열정과 사랑을 내일의 시로 바꿉니다

고당기념관에서

아담은 쓸쓸함이고
소탈은 울화통이었다
고당기념관은

을지로3가역 11번 출구에서 나와 골뱅이골목에서
6층의 작은 키에 5평쯤 돼 보이는 몸집으로
가끔 찾아오는 나그네 발길에 외로움을 달랬다

고향을 묻지 말고 일하자
국산품 애용이 민족경제를 살리는 길이다
나는 자유를 동경하는 북한동포와 생사를 같이 하겠소*

오산학교 교장으로 김소월 백석 이중섭 등을 길러내고
조선일보 사장으로 대한독립사상을 널리 알리고
광복된 뒤 평양에서 진정한 대한독립국가를 건설하려다

소련을 등에 업은 김일성에게 숙청당한
조만식 선생의 기념관은 쓸쓸해서 울화통이었고
건너편 포포인츠호텔은 우뚝 깔깔거려 얄미웠다

*고당 조만식曺晩植(1882~?) 선생의 어록에서 인용.

서울유스호스텔 담쟁이는 알고 있다

담쟁이는 알고 있었다
나날이 잊히는 그날의 신음소리를

지붕 위에 물구나무서있는 안테나도 듣고 있었다
아픈 세월 역사에 묻고 새날 맞이하는 어린이들의 재잘거림을

슬로베니아 마르보르시에서 온
지구에서 가장 나이 많은 포도나무 자손은 비손하고 있었다
오직 하나 남은 허리끊김이 하루빨리 이어지도록

시를 줍기 위해 1박2일 깨어 있던
시인들도 담쟁이와 안테나와 포도나무와 함께 알았다
신음과 재잘거림을 듣고 뜨겁게 두 손 맞잡았다

경운궁慶運宮 살구나무가 전하는 말

경운궁의 중화전 뒤 석어당 마당 동쪽에
품격 높은 살구나무가 조용히 서서 오가는 사람들을 맞이합니다

1904년 2월29일 일제가 고종을 분시焚弑하려고 불을 질러
중화전 함녕전 석어당 등 경운궁이 거의 불타 없어졌을 때
살구나무는 화마火魔의 손아귀에서 필사적으로 벗어나
그날 있었던 일을 눈 맑고 귀 밝은 이들에게 소곤소곤 알려줍니다

일제는, 대한제국을 집어먹으려는 걸림돌이 되는 고종황제를 제거하려고 경운궁에 불을 질렀고 대한제국을 총칼로 침략한 갑진왜란에 이어, 선전포고도 없이 러일전쟁까지 을 일으켰습니다

사백 살이 넘은 어르신 살구나무는
삼말사초에 하얀 꽃을 멋지게 피워
눈과 코와 귀로 사람들을 모아

잊히고 뒤틀린 역사를 바로잡으려 안간힘을 씁니다

경운궁 서문인 평성문 바로 옆의 가시칠엽수와 국립현대미술관 옆에 있는 오얏나무와 함께 올바른 역사를 지킵니다

*경운궁 : 덕수궁의 본디 이름. 일제는 1907년 고종을 강제로 폐위시키고 순종에게 양위하도록 한 뒤, 경운궁을 덕수궁으로 고쳤다. 덕수궁을 경운궁으로 부르는 게 마땅하다.

윤관 대원수가 훈련원공원에 오신 까닭

잘 오셨어요
아무래도 서소문공원보다는
훈련원 있던 자리가 더 잘 어울리셔요

그 큰 기개로 거란족을 무찌르고
그 깊은 지략으로 여진족을 다스리고
그 넓은 아량으로 백성들을 사랑하신

크고 깊고 넓은 가르침을 펴시려면
임진왜란에서 나라와 백성을 지킨 이순신 장군이 무과에 급제한 곳에서
대한제국 군대가 해산된 울분을 삭이는 게 더 나으시잖아요

국립의료원이 바로 옆에 있고
동대문역사문화공원도 가까워
많은 사람들과 대화할 수 있으니까요

만나는 사람들에게 알려주세요
공험진의 선춘령에 고려와 여진의 경계비를 세웠는데
선춘령은 두만강에서 북쪽으로 700리에 있다는 사실을요

*윤관尹瓘(1040~1111) : 여진족을 정벌하고 동북구성을 쌓았다.
여진족과의 경계를 표시하는 비석을 선춘령에 세웠다.

왕십리역의 김소월

왕십리역은 전차를 갈아타는
그냥 환승역만이 아니다

꼭두새벽부터 밤늦게까지
삶의 현장을 누비는 피곤이 있고
잿빛 도심에서 초록빛 꿈을 캐는
희망이 힘차게 수움을 쉰다

왕십리역은 갇힌
쳇바퀴만이 아니다

여드레 스무날엔 온다고 하고
초하루 삭망이면 간다고 한
임이, 비로 내리는 소월과
이창배 명창의 소리가 살아있다

종종걸음치는 환승과
늘 그 모양 그 꼴인
어제와 오늘과 내일이
꿈틀꿈틀 일어선다

왕십리역은 사통팔달,
사람과 사람이 사람과 사람으로 이어진다

*왕십리역 4번 출구로 나오면 왕십리광장에 김소월의 시
  〈왕십리〉가 새겨있는 시비와 명창 이창배의 동상이 있다.

왕십리역에서 수인분당선 막차를 놓치고

저들이 뛴다
나도 덩달아 뛰다 보니
저들은 ITS경춘선 막차를 향했다

시계바늘은 11시36분을 숨가쁘게 가리켰다
수인분당선 타는 곳엔 다행히 젊은이들 몇몇이 차를 기다렸다
'막차는 11시48분이었지!'라는 생각에 안도의 한숨을 몰아쉬는데

막차가 11시35분에 떠났으니
다른 교통편을 이용하라고
아들보다 어린 공익요원이 공무원처럼 말했다

왜 좀 더 일찍 얘기해주지 않았느냐고
화딱지를 부릴까 하다가
그냥 꽁무니를 돌려 2호선을 탔다

그래 참는 게 좋은 것이야
공익요원에게 무슨 잘못이 있어, 막걸리 마시다 늦은 내 탓이지
그래 귀가는 즐거운 것이야

좀도둑은 버티고개를 떠났다

도둑은 없어지고 이름만 남았다
동남쪽에서 한양도성에 들어가려면 넘어야 할
고개, 나무 빽빽하고 외진 길에는 노상강도가
갈 길 바쁜 사람들의 짐 보따리를 보챘었다

번도! 번도! 버언도~
순라꾼들의 외침은 메아리도 없이 숲에 잠기고
밤중에 버티고개 가서 앉을 놈이란
우스갯말은 골목을 타고 가슴에 박혔다

어린애 업고 떠나려는 인수봉을
서남쪽에 떡고개 두어 달래고
동남쪽에 벌고개 두어 겁주어
그 자리에 머물게 했다는 전설은

뻥 뚫린 차도에 치여 죽었다
대풍시장 위 버티고개에서 솟던
약수도, 약수동이란 이름으로만 남았고
이곳을 떠난 도둑은 도시로 흘러들었다

*버티고개 : 한남동에서 장충동과 약수동으로 넘어가는 고개.
지하철 6호선 버티고개역이 있는 곳이다.

목멱산 한 바퀴

꼭
꼭대기에 올라야만 맛이 아니다
허리
비잉 둘러 진양조로 걷는 맛도 일품이다

조지훈의 파초를 맛보고
한국의 미소와 반갑게 인사하고
한양공원의 아픈 역사를 보듬고
백범에게 아침 문안 드리는 맛

안중근이 와룡매와 웃으며 맞이하고
소월이 산유화를 노래하는 곳,
조선신궁 배전터 주춧돌이 과거를 되돌아보게 하는 곳,
자정 넘겨 마신 막걸리를 부끄럽게 만드는 곳,

구구구구, 비둘기가 머리를 깨우고
들과 뫼로 나눠 살던 까치와 까마귀가 마주하고
딱따르르, 딱따구리가 그님들의 넋을 달래주는
목멱산 아침 한 바퀴는 새로운 길 새맛이다

용산가족공원의 길고 긴 역사

기쁨은
아픔을 견뎌낸 뒤에야
비로소 즐길 수 있다

주한미군 골프장, 금인禁人 지역으로
잃었던 땅이 가족공원이 되어
우리 품으로 돌아왔다

임진왜란 때 왜군의 병참기지로
임오군란 때 청군의 군사주둔지로
러일전쟁과 일제강점기 때 일제의 군사기지로
6.25전쟁부터 1992년까지 미군기지로

우리 땅이되 우리 땅이 아니라
고통으로 일그러졌던 땅이
명실상부한 우리 땅으로 돌아와

아이들이 뛰어노는 곳
가족이 함께 행복을 가꾸는
파란 꿈동산이 되었다

*용산구 용산동6가 168-6에 있다. 지하철4호선 이촌역
 2번 출구에서 걸어서 851m, 국립중앙박물관과 한글박물관
 사이에 있다.

와룡매가 안중근기념관 앞에 있는 사연

매화 두 그루가 사백년의 역사를 이었다
목멱산 안중근기념공원에서 아픈 사연을 풀었다
엄마와 떨어지는 디아스포라는 기쁨이었다
해마다 하얗게, 발갛게 하소연하는 한을 풀었다
때만 되면 집단히스테리 부리는 일본에게 사람 되라고
연두로 알려주었다

*와룡매 : 임진왜란 때 창덕궁에 있던 매화가 풍신수길豊臣秀吉
명령에 따라 다테 마사무네伊達政宗에 의해 일본으로 강제이주
당했다. 마쓰시마松島의 서암사瑞巖寺 본당 앞에 심어졌다.
그 매화의 후손이 1993년 돌아와 목멱산 안중근기념공원에서
자라고 있다.

낙원상가 지하의 엄마김밥

서울은 역시 양파였다
까고 까도 깔 때마다
또 새로운 것이 나오는
호기심 천국,

가는 곳마다 사연이 있고
보는 것마다 아름다움이었다

낙원상가 지하에 처음 가서
인사동에 갈 때마다 무심하게 지나쳤던
낙원상가 지하1층에서
펄떡거리는 삶,

알지 못했다고 없는 것은 아닌
멋진 풍경이 펼쳐지고 있었다

우리가 이렇게 살아갈 수 있는 건
보이지 않은 곳에서
보이지 않은 것들과
싸워 이기는 사람들 덕분이었다

망북루에서의 소망

사람을 쓰러뜨리고
풀잎도 말려버리려는 듯
빨갛게 닦달하던 햇살이

큰 수레바퀴가 돌고 돌아
달님에게 인사할 때면
바람도 먼저 알고
귓불에 속삭입니다
숨죽이던 새들과 함께,

참 잘 견뎠어요!
모든 게 다 때가 있잖아요?
어렵다고 꺾이지 마세요,
할 일이 많으니까요…

다른 일 다 제쳐놓고
먼저 달려와 발간 볼 어루만지는 그대가,
다시 일어설 힘 준 그대가, 참 고맙습니다

*망북루望北樓 : 중구 필동2가 84-1에 있는 남산골한옥마을 맨 안쪽, 남산 등산로 입구에 있는 누각.

100년 기둥 100년 충전소

두 눈 크게 뜨고서도 보이지 않고
마음을 기울여야 비로소 보인다

아픈 과거와 헷갈리는 현재가 아우러져
밝은 미래를 만들어 가는 안국역 2번 출구 쪽에

100년 기둥이 서서 사람을 얘기하고
100년 충전소가 전기를 나눠주며

대한독립만세를 목 터져라 외친
3.1운동 청색지도를 알려주어도

아는 것과 알지 못하는 것을
구별하지 못하고 시계불알이 된 채

영혼을 물신에 저당 잡히고 헐떡이며
눈 뜨고 사기 당하는 얼뜨기로 산다

마산아구와해물은 인생극장

낙원동 낙원상가 옆에 있는
마산아구와해물은 인생극장입니다

촘촘히 짠 대로 펼쳐지지 않는 게 삶이듯
생각하지도 않았던 사람을 문득 만나고
십년지기처럼 속깊은 얘기를 나눕니다

이장호 영화감독을
별들의 고향과 어둠의 자식들과 무릎과 무릎 사이와 나그네는 길에서도 쉬지 않는다를
만든 이장호 감독과 한자리에서 술 마시며 역사에 대해 의견을 나눈다는 것을
꿈도 꾼 일이 없었는데

그냥 그렇게
마산아구와해물에서 만났습니다
만날 사람은 언제 어느 곳에서든 만나게 되어있습니다

대가大家는 하루아침에 만들어지는 건 아니었습니다

이렇게 얘기해도 알아듣게 말하고
저렇게 지껄여도 차분히 말씀합니다
미소로 받고 미소로 돌려주는 건 연륜입니다

백 석 시인과 박경련의 첫 만남이 이뤄졌던
낙원동 장안여관 근처 마산아구와해물은
좋은 인연을 만들어 가는 인생정거장입니다

부처님 닮은 선배의 불청객으로
아름다운 사랑을 담은 인생은
그냥 그렇게 만들어졌습니다

*마산아구와해물 : 낙원동 48, 지하철1,3,5호선 종로3가역
5번출구, 낙원상가 옆에 있다.

인사동 야우에서 생긴 일

초희가 인사동 야우에 나타나자
연꽃봉오리가 봉그랗게 맺히고

봄이 달려오는 길목,
마음과 마음이 막걸리로 만났다
유선사遊仙詞와 곡자哭子를 안주 삼아

아무것도 꾸미지 않고
있는 그대로, 말갛게 보여주었다

들꽃 들풀처럼
아이 눈 닮은
들 벗

제주도 앞바다 옥돔이
힘차게 몸부림쳤다

시간은 첫사랑 사연 타고
성큼성큼, 종종걸음으로 흘러
다음 날 다시 만남에 손가락 걸었다

*야우野友 : 인사동 제주전문음식점 이름. 들벗이란 뜻의
야우는 고정자高正子 사장이 직접 지었다.

여자만엔 여자만 간다고?

여자만엔 여자만 가는 것일까
여자만엔 남자는 가면 안 될까

참 알쏭달쏭한 일이다
정말 머리로는 풀리지 않는다

여자만에 가면 여자도 있고
여자만에 가면 남자도 많은데

왜? 여자만엔 여자만 가라는 걸까
왜! 여자만에 남자는 못가는 걸까

주희 성리학은 여전히 권력이더라
한글 전용론은 아직도 권력이더라

여자만을 여자만汝自灣으로
여수 앞바다 아름다운 여자만으로 하면

아무런 오해도 없는 일을
조금도 서먹할 일도 없을 것을

김마리아의 애국회화나무

    때가 되니 겨우 보였다
    몇 차례 지나던 골목이라 멍길하며 걷는데
    문득 보호수와 정신여고와 김마리아란 표지판이 망막을 찔렀다

    후다닥 뛰었다
    70m 화살표 따라
    어디 가느냐는 외침이 귓불 타고 흘렀다

    왕건이 하나 잡았다는 예감은 틀리지 않았다
    나무는 기미독립만세 때, 김마리아에게 몸구멍을 내줘
    일제의 수색에서 벗어나게 하는 슬기를 발휘했다

    회화나무가 사람보다 나았다
    겨레와 나라를 팔아먹는 역적들을 가리키는 말이 하나 또 늘었다
    이 나무만도 못한 놈들아…

*애국회화나무 : 종로구 연지동 김상옥로 29, SGI서울보증(정신여고 옛터)에 있다. 약 600살 추정.

제4장
영수네감자국에서 만난 오징어게임

369마을은 게임이 아니다

삼선동 1가가 369마을로 거듭났다
스스로 일어서겠다는 뜻이 하나로 뭉치자
청년이 참여하고 주민이 주체가 되었다
대학도 팔 걷고 발 벗고 나섰고

한양도성의 고즈넉한 마음이
옥탑방을 멋진 예술터로 바꾸었다
마실카페는 사랑으로 옛 마을을 내려다보며
옛날을 아름다운 미래로 만들고

사연이 꽃피고 있었다
하늘로 이어진 콘크리트 계단에
대여섯 살 꼬맹이가 네 발로 기었다
무더위에 명실상부를 앙살하는 것처럼

없는 것을 만들어 달라고 보챘다
이름과 겉보기 치장에만 매달리지 말고
얼이 언 어른들을
콘크리트에 내다꽂고 있었다

*369三㉦丘마을 : 지하철4호선 한성대입구역 3번 출구 인근의 삼선동 한양도성 성곽마을. 재개발할 때 '삼선6구역'으로 불리던 것을 369마을이라고 불렀다. '마을의 정체성과 문화를 바탕으로 주민이 주도하고 화합하는 3가지 가치를 지닌 언덕마을'이란 뜻이다.

나폴레옹제과점에서 그님을 그리다

폭탄비와 불볕더위에 시달리던   을 다독거리려고
우연히 들른 나폴레옹제과점에서 문득 그님을 만났다

군사정권 때 중앙정보부에 끌려가 고문당해서라든가
폐결핵에 걸려 독한 치료약을 오랫동안 먹은 후유증이라든가 해서
오른쪽 손과 팔과 다리가 마비되고 말까지 어눌해진 그님은
왼손에 분필을 쥐고 칠판에 비뚤비뚤 글씨를 쓰면서
심각한 표정을 지으며 엄숙하게 말하곤 하셨다

제군들은 동경대 경제학과 학생 3명과 싸워 이겨야 한다고
여러분들이 그들과 지력知力 경쟁에서 이겨야만
대한민국이 일본을 앞설 수 있는 희망의 열린다고
그런 싸움을 생각한다면 일촌광음도 헛되이 버려선 안된다고

그님의 말씀은 정치경제학의 철학적기초란 책에서 잠자고
그님의 모습은 자주 들르시던 나폴레옹제과점에서 아른거렸다

*나폴레옹제과점 : 성북구 성북동1가 35-5, 지하철 4호선 한성대입구역 1,2번 출구사이에 있다가 5번출구로 옮겼다. 필자의 스승이던 고 임원택 서울대 경제학과 교수가 생전에 즐겨 찾으시던 곳이었다.

성북동은 골목 골목이 문학

성북동은 골목 골목이 문학이다
여기에서는 김광섭의 성북동비둘기가 날고
저기에서는 조지훈의 지조론이 꼿꼿하고
조기에선 한용운의 님이 침묵하고 있다

성북동은 갈 때마다 다르다
길상사에선 관세음보살이 성모마리아이고
북정마을에선 비둘기공원이 손짓하고
수연산방에선 상허의 황진이가 눈짓한다

성북동은 누구랑 가느냐에 따라 다른 모습을 보여준다
혼자서는 장수막걸리를 나발 불고
그대와는 저녁노을이 안주가 되고
서시협 시인과는 구포국수의 동동주가 시에 푹 익는다

봉화산의 봄

봄이 달려오고 있었다
함경도 경흥에서 달려온 불과 연기가
바람보다 더 빠르게
꽃 소식을 전해주고 있었다

부끄러워 다소곳이 비켜 선 진달래와
노랗게 힘 모아 대드는 개나리와
날마다 길어지는 봄밤 하얗게 밝히는 배꽃이
언니 먼저 아우 먼저 사이좋게 갈마들며

어제는 목멱木覓
오늘은 용마龍馬
앞날은 불암佛巖과 도봉道峯 넘어
양주 한이汗伊까지 아우르고 있었다

불은 꺼졌어도 꽃은 피어나고
살림살이 어려워도 삶은 이어지듯
봉화산은 그님들 잠든 망우산 바라보며
겨울 이겨낸 꽃 잔치 벌이고 있었다

*봉화산烽火山 : 중랑구 상봉동 중화동 묵동 신내동에 이어져 있는 산. 해발 160m. 북쪽으로 불암산과 도봉산 너머 양주 일대까지 훤히 보이며 서남쪽으로는 서울 남산 외에 산이 없어 조망이 좋다. 1963년 양주군 구리면에서 서울시로 편입됐다.

빨래터에 공초 유택이 있다

빨래는 명분이었고
쉬는 게 실속이었다

수유동 486번지 골짜기,
물이 많아 무너미라고 불리며
사람 저절로 모여 살도록
산이 푸르고 물이 맑은 곳

비움을 뛰어넘으려던
공초 오상순 시인도
마지막 가는 길에 마음이 바뀌었을까

궁녀들 빨래하는 소리 대신
이름 모를 산새들 짝짓는 소리 들으려
자기 산소 쉽게 찾게 하려

이곳에 유택 마련한
사랑이 마지막에 펼쳐지고 있었다

전형필 옛집에서

머리는 늘 머쓱할 뿐이었다
정말 멋진 아이디어를 냈는데
현장에 가면 다리에게 주도권을 내주고
쑥스러움을 달래려 들이켠 막걸리가
눈과 귀와 가슴을 괴롭히는 것이었다

간송澗松은 시간을 딛고 있었다
방학동 정의공주 묘 옆에서
훈민정음해례본을 지켜내려는 노심초사로
쉰일곱이란 짧은 삶을 일찍 마치고
세월을 나직나직 기다리고 있었다

김수영은 알고 있었을까
방학동 은행나무는 알았겠지
연산군은 모르는 게 당연했겠고
풍양조씨는 어땠을까?

구름 한 점 없이 깨끗한
유월 토요일 오후 문득 나선
방학동 북한산 자락 나들이는
다리가 머리보다 훨씬 낫다는 것을
멋진 보너스로 다시 또 알려주었다

*간송 옛집 : 도봉구 방학동 430에 1890~1900년대에 지어진 한옥.
간송 서재에 위창 오세창이 쓴 '옥정연재玉井硏齋'라는 편액이
걸려있다. 옛집 옆에 간송 전형필(1906~1962)과 양부養父
전명기(1870~1919)의 묘소가 나란히 있다.

연산군 묘에서 배운다

온다고 그냥 오는 게 아니고
간다고 아주 가는 게 아니다

산다는 건 끊임없는 되새김
죽는다는 건 새 삶의 준비

보채지 마라, 때가 되면 이루니
아파도 마라, 끝내는 모두 비슷해지리니

봄이 간다고 꽃이 앙살하더냐
가을 온다고 열매 춤 추더냐

칼 자루 쥐었다고 근질근질 한 사람
연산군 묘에 가 보거라

물 먹었다고 어깨 푹 내리누른 사람
아스팔트 틈에서 꽃피는 민들레에게 배워라

어린이교통공원

책에서 그림 보고
선생님 말 들으며 배운 지식은
머리에만 있는 죽은 것이라며

진짜 자전거를 타고
횡단보도에서 천천히 달리고 교통신호에서 멈추며
몸으로 깨달아 살아 숨 쉬는 앎을 쌓는다

방안의 소황제 소공주가 아니라
동무들과 살을 맞대고 부대끼며
사회는 함께 사는 곳임을 깨닫고

헬멧 쓰고 장갑 끼고
참새처럼 즐겁게 노래하며
병아리들이 미래를 꿈꾸며 힘차게 달린다

*어린이교통공원 : 노원구 중계동 500, 지하철 7호선 중계역 6번출구에서 가깝다.

옛 중앙정보부 강당의 반성문

힘 없는 왕으로 4년을 겨우 버티다
서른일곱의 이른 나이에 갑자기 세상을 떠난
경종景宗은 죽어서도 편하지 못했을 것이다

하늘이 숨겨놓은 명당이라는
천장天藏산 동쪽 기슭에 마련한 유택 옆구리에
중앙정보부가 독재권력 지키는 강당을 지었다

1972년 7월4일, 대한민국 국민들은 깜짝 놀랐다
남북한 통일은
자주적으로, 평화적으로, 민족의 대단결에 의해 이뤄져야 한다는
남북공동성명을, 이후락 중앙정보부장의 발표로 들었다

영면하고 있던 경종도 깜짝 놀랐을 것이다
그렇게 중요한 일을 대통령이 발표하지 않더니…
100여일 만에 양두구육의 결과가 나왔다

남한은 박정희 대통령의 10월유신으로
북한은 김일성 주석의 사회주의헌법으로

1인 종신독재체제가 사이좋게 만들어졌다
　　한돌이 넘어 국가등록문화재로 물러난
　　옛 중앙정보부 강당과 회의실은 무뇌^{無腦}를 탓했
다
　　그날의 짬짜미를 설렘으로만 지켜본 반성문을
쓰면서…

*옛 중앙정보부 강당; 성북구 석관동 409, 경종^{景宗}(1688~
1724)의 묘인 의릉^{懿陵} 경내에 있다. 건축가 이상진
(1923~1973)이 설계했고, 1962년에 지어졌다.

녹천역에 사슴이 없어도

사슴내에 사슴이 없어도
녹천역에 추억은 새록새록 쌓여있다

아침이면 초안산 둥지에서
아기 사슴이 엄마 아빠 발자국 따라
살며시 물마시고 갔던 사슴내는

사람이 몰려들며 녹천鹿川이 되었고
상계주공17단지 아파트가 들어서면서
녹천역은 종로로 과천으로 나가는 요지가 되고
사슴이 떠나도 사슴내는 남듯

사람이 떠나도 녹천역은 더 커졌다
서울외국어고등학교가 사람을 모으고
초안산 하늘꽃공원이 벌 나비를 모아

봄엔 꽃내음 가을엔 배향기가
사람 떠난 아쉬움을 달래고 있다

*녹천鹿川역 : 노원구 월계동(1번출구)와 도봉구 창동(2번출구)에 걸쳐 있는 지하철1호선 역. 부근에 필자가 결혼하고 신혼살림을 차린 상계주공17단지아파트가 있다.

상계주공아파트 1705동 ○○○호

도봉구 창4동 38번지
상계주공아파트 1705동에서 창동역까지는
알프레도와 토토의 시네마천국이었다

서울대학교병원 수술실로 아침 일찍 출근하는
새 신부를 자전거에 태우고 신나게 달리던 길은
스물일곱 젊은이의 밝은 내일을 약속했고
첫째가 태어나고 엄마와 함께 산 6개월은
14년 전에 홀로 된 엄마와의 마지막 추억이 되었다

둘째 딸이 태어나고 그 아파트를 떠나
창동역 앞 동아아파트 7동 ○○○호로 옮겼는데
꼼꼼한 준비 없이 덜컥 저지른 일은
늘 고통이 따른다는 것을 알려주는 큰 가르침이었다

월급의 절반 이상이 대출금이자로 강탈당하자
사는 게 사는 것이 아닌 나날을 빠져나오게 한 건
큰딸이 갑자기 아픈 밤 상계백병원 응급실에 가서였다

신혼 살림에 깨가 쏟아졌던
상계주공아파트 1705동 ○○○호는
가끔 들를 때마다 빚의 무서움을 일깨워 주는 스승님이다

노원역에서

와와 곱창집은 무대였고
소주와 맥주는 안주였다

그동안 쌓였던 이야기는
덩실덩실 추임새였고…

마시면 마실수록
새록새록 살아나는
진실

다음날
뒷머리 쓸며 바로잡는
다짐

그렇게 가을이 살고
그렇게 가을이 익었다

백운대 참맛

백운대 사랑을 먹는 맛은
언제 어디서 누구와,
어떻게 보느냐에 따라
다른 반찬으로 다가온다

관악산에서 그대와 함께라면
가을밤의 그리움으로

아슬아슬한 몸 더듬으며
가슴으로 오르면 짜릿함으로

국립4.19민주묘지에서
올려다보면 아린 아픔으로

그중에 으뜸은
물오르는 봄날, 아침 해 떠오를 때
구름 한 점 없이 파란 하늘에

만경봉을 보초 세우고
타고 온 하얀 너울을 주차한 뒤
얽히고설킨 세상사 풀기 위해
수담手談 나누는 신선들을

말없음표로 느끼는 것이
백미白眉 가운데 백미百味다

통천능선, 하늘에 이르는 마루금

사패산에서 도봉산으로 가는 하늘길이다

멀지 않은 옛날, 이곳에 대공포대가 있었다고 해서 포대능선砲臺稜線이라고 불리는 마루금이다
포대는 없어진 지 오래고, 포대가 있었다는 사실조차 기억하는 사람들도 하나둘 하늘로 떠나갔는데도, 여전히 포대능선이라고 하는 건 이상하다고 여기는 길이다

하늘과 땅은 포대능선이란 이름이 못마땅한 길이다
사패산 원도봉과 도봉산 자운봉을 잇는 길이니 사도능선賜道稜線이라고 부르는 게 낫지 않겠느냐고 살며시 운을 떼 보는 길이다

파란 하늘에 벗과 바람과 단풍과 흰구름이 좋은 시월에 하늘을 걷는 사람들은 통천능선通天稜線이 더 좋은 이름이라고 입을 모으는, 참 좋은 길이다

도봉산 선인봉 암벽을 오르는 사람들

저들은
무엇을 위해
저렇게 가파른 바위를 기어오르는가

온몸으로
삶과 죽음을
오로지 밧줄 하나에 내맡긴 채

스스로의 의지와
동료들의 격려를
가장 안전하다고 믿으며

도전은 아름다운 것
바위 절벽에도 길이 있는 것
니들이 이 맛을 아느냐며

단풍비 벗 삼고
만월암 목탁 안주 삼아
시간 잡아두는, 저들!

하나 둘 여섯 아홉…
한 마리 매미, 한 마리 개미가 되어도
나는 나라는 걸 보여주는 나의 스승들!

대전차방호벽과 평화문화진지

화려한 변신은 창조로 이어지듯
베를린장벽을 이루었던 커다란 콘크리트 3개가
범이 담배 피우던 때의 아픔을 추억으로 전해준다

사람은 드나들 수 없고
오로지 푸른 옷의 군인들만
심각한 표정으로 청춘을 담금질했던

도봉구 대전차 방호벽이
대결과 분단의 상징이었던 비인간적 콘크리트벽이
문화와 창조의 공간, 평화문화진지로 바뀌고

반으로 절개된 열아홉 개 포신砲身으로 만들어진
물길을 따라 6.25전쟁 때 희생된 분들의 넋이 흘러
평화울림터에서 자유평화통일을 바라고 노래하며 춤춘다

*평화문화진지 : 도봉구 도봉동 6-5, 지하철 1, 7호선 도봉산역 1-1번 출구에 있다. 2004년에 철거돼 흉물로 방치되던 대전차방호시설을 2017년 10월31일 평화문화진지로 개관했다.

따릉 따릉 따릉이

따릉 따릉 따르릉…
사랑을 나눠드립니다

발걸음보다는 빠르게
차바퀴보다는 꽉 차게
그대의 마음과 함께 달립니다

꽉 막힌 도로를 시원하게
펑 뚫린 강변을 속삭이며

따릉 따릉 따르릉…
건강과 사랑이 함께 합니다
뜨거워지는 지구도 한숨 돌립니다

*따릉이 : 서울시가 2015년 10월1일부터 운영하고 있는
무인공공자전거 대여서비스.

영수네감자국에서 만난 오징어게임

  시인은 다른 사람의 말에 귀 기울여야 한다는 신달자 시인의 말이 옳았다

  오징어게임과 라깡의 욕망이론을 멋지게 버무린 김상일 박사의 강연에 영수네감자국이 불쑥 튀어나왔다

  말을 잘 들으면 절에 가서도 고기를 먹는다는 말은 진리였다

  지금까지 이런 감자국을 먹어본 적이 없었다, 감자탕만 먹었을 뿐
  감자국 소小를 혼자 먹는 건 위대偉大를 자처하는 나도 불가능해
  나눠주려는 호의는 이모의 × 표시로 거절당했다
  막걸리 한 병에 확 오른 건 나이 탓만은 아니었다

  맛은 언제나 멋진 몸매의 적이었다
  먹어보기 전엔 알 수 없고 먹고 나선 또 오고 싶은 맛에
  오늘도 걸어서 뱃살을 빼보겠다는 꿈은 백일몽이

되었다

    오겠다던 그 사람은 오지 않는데
    신동엽이 자운봉 신선대 오르며 흘린 땀을 식혀주는
    서른여섯 살 영수네는 서른여덟개나 되는 상호 ^{商號}로 사람의 욕망을 모으고 있었다

*영수네감자국 : 도봉구 도봉동 572, 도봉고등학교와 도봉천 사이에 있다. 감자탕이 아니라 감자국이란 이름으로 36년 동안 이어온 맛집이다.

불수도북을 걸으며

시작은 늘 어려운 것이다
신유빈 전지희가 아시안게임 준결승에서 일본에 첫 세트를 내 준 것처럼
백 석이 박경련과의 첫사랑에 실패했던 것처럼

힘들어도 시도하는 건 설렘이었다
하늘 열린 날 하늘은 활짝 두 손 벌려 맞이해주었다
땀은 늘 흘리게 마련,
땅도 푸근한 미소로 응원해주었다

서울 북쪽을 동에서 서로 이어주고 있는
불암산과 수락산과 도봉산과 북한산을 한꺼번에 오르는
불수도북을 했던 25년 전의 기억도
뭉친 다리 근육을 풀어주는 진통제였다

정상을 밟는 것은 뿌듯함이었다
저 아래 서울전경과 검단 청계 관악 덕양 감악산을
두 눈과 한 가슴에 듬뿍 담아

세월을 이기고 삶을 사는 힘으로 삼았다

끝남은 늘 아쉬운 것이다
레슬링에서 금메달과 은메달을 하나도 따지 못한 것처럼
윤동주가 스물여덟에 일제 생체실험으로 순국한 것처럼

*불수도북 : 불암산佛巖山(509m) 수락산(水落山, 638m) 도봉산道峯山(740m) 북한산北漢山(835m). 도봉산 북쪽 의정부와 양주에 걸쳐 있는 사패산賜牌山(552m)을 합쳐 불수사도북이라고도 한다.

망우리공원에서 만난 님

천관녀 주문이 걸린 것이었다
해가 바뀌었다고
달이 달리 떴다고
날이 다르게 왔다고
호들갑 떨기 거시기해서 그냥 나선 발길에

아차산에서 평강왕 딸이 걸리고
용마산에서 어린 단종의 눈물이 흐르고
망우산에서 이성계에게 울화통이 던져지고

그님을 다시 만났다
아직 잘 모르지만 억울해 하는 박인환,
망우리를 국립묘지로 만들기 충분한 만해 한용운,
시대를 앞서간 비극의 영웅 이중섭
다물 서동일, 위창 오세창…

해님도 붉게 눈시울 붉혔다
그 아픔 어찌 견뎠겠느냐며
이제 나를 풀어놓으라며
선수 치는 헛 똑또기에
하릴없이 언 손 호호 불다

시인으로 날개 펴는
군자와 마주한 막걸리는
한 달 약속 깬
부끄러운 파계였다

녹색병원은 그냥 병원이 아닙니다

1964년에 세워진 원진레이온이란 회사가 있었습니다
대한민국에서 하나밖에 없는 인견(人絹)회사였습니다
비단처럼 빛나는 실로 만든 옷은 굉장한 인기를 끌었지만
합성섬유가 나오면서 경영위기를 맞았고 1993년에 폐업했습니다

회사는 없어졌지만 이황화탄소와 황화수소에 장시간 노출됐던
노동자들은 팔 다리 마비와 언어장애 성불능 콩팥장애 등에 시달렸고
1977년에 입사해 1983년에 퇴사한 김봉환이 1991년 1월5일 사망했습니다
1988년에는 열일곱 살 문송면이 수은중독으로 죽었습니다

피해자들은 '원진레이온직업병피해자가족협의회'를 만들어
1989년에 29명, 1993년에 257명이 직업병 판

정을 받았고

    1993년에 원진재단을 설립한 뒤 1999년 6월, 구리시에

    원진노동자건강센터를, 2003년 면목동에 녹색병원을 세웠습니다

    녹색병원은 아픈 사람을 치료하는 병원에 그치지 않고

    산업화 초기에 있었던 아픈 역사까지 함께 치유하는 병원입니다

*녹색병원 : 중랑구 면목동 568-1, 지하철 7호선 사가정역 1번 출구에서 406m에 있다.

한가람

한가람은 길입니다
하늘과 땅이 갈라지고
사람과 동식물이 생겨나기 훨씬 전부터
샘물과 빗물이 흐르고 흘러 만든
살리고 살리고, 살리는 길입니다

한가람은 바다입니다
오대산 우통수에서 솟아난 하늘 물이
금강산 옥밭봉에서 솟구친 땅의 물이
동강 섬강 달천 금강천 소양강을 머금고
한내 숯내 모래내 오목내를 넓게 품은 바다입니다

한가람은 사랑입니다
천이백삼십오 리를 굽이굽이 흐르며
삼만오천칠백칠십 제곱킬로미터를 키우고
저자 잠실 노들 밤 여의 선유 섬에서
철새들 보금자리 만들어 준 사랑입니다

한가람은 꿈입니다
일제의 수탈과 그놈의 전쟁으로
잿더미가 된 골목골목에서
꺾이지도 주저앉지도 않고
새록새록 키워온 자유민주통일의 꿈입니다

평설

서울, 장소성場所性의 시학詩學
−홍찬선의 시세계

한상훈(문학평론가)

1. '서울'탐사, 역사에 대한 소명의식

　이 시집은 '서울'의 과거와 현재를 찾아나가는 탐색의 여정이다. 지형적 공간의 중심인 광화문에서부터 변두리의 작은 동네, 어느 후미진 뒷골목까지 발이 붓도록 돌아다니며 시상을 떠올린 지식인의 보고서다. 동네마다 독특한 문화가 있고, 골목마다 그 나름의 이야기보따리를 간직하고 있다. 스토리 텔링storytelling 시대에 딱 어울리는 시집인 것이다.
　시인은 소멸되어 가는 작고 큰 역사의 현장을 탐색하면서도 해소되지 않는 의문도 많았을 것. 두 손으로 머리카락을 잡아뜯으며 인터넷이나 도서관에서 옛 문헌을 뒤적이기도 했을 터. 이 시편들은 지난 몇 년간'월간시'와'월간시인'의 독자들의 열렬한 환호와 응원을 받으며 인기리에 연재되었다.
　독자들의 뜨거운 열기 속에 홍찬선 시인은 이미『서울특별詩』시집 1,2,3을 출간했고, 최근에 발표된 100여 편의 작품을 모아 이번에『서울특별詩4』를 출간하게 된 것이다. 가벼운 시집 한 권이지만, '서울'에 관한 어떤 진지하고 묵직한 학자의 연구서 못지않게 이 책은 빛을 발한다. 책상머리에서 상상하며 자유롭게 쓴 것이 아니라, 현장을 직접 돌아다니며 그 지역의 정서를 체감하며 쓴 시편들이기에 더욱 실감나게 와 닿는다.

　우리는 장소를 떠나서 살 수 없다. 인간은 장소에서 태어나서 장소에서 활동하고 장소에서 죽는다. 홍찬선 시인의 시편들을 읽으면서, 그동안 희미해졌거나 보이지 않았던 '서울'이란 거대한 장소에서 일어났던 우리의 문화나 풍속, 역사의 한 장면을 호출하게 된다. 시인의 정밀한 관찰과 사유에 우리는 당혹하게 되고 감탄하지 않을 수 없다.
　홍찬선 시인은 이 시대에 마지막 역사의 기록자, 또는 증언자로 남고 싶었는지 모른다. 이와 같은 험난한 작업은 역사적 사명감이 있었기에 가능한 것이기 때문이다.

2. 한국적 풍속 혹은 설화적 상상력

　바람은 한가람에 잔잔하게 소곤대고
　달님은 부끄러워 구름에 숨었는데
　쓰레기 기적 이룬 하늘공원이 어서 오라 손짓하고
　올림픽대로를 질주하는 자동차는 삼각산을 잊었다

　보름달이 지구에서 가장 가깝게 다가와
　한 달에 두 번 환하게 속삭이는 왕둘보름달은
　한가람에도 뜨고 내 마음에도 뜨고
　그대 술잔과 눈동자와 가슴에 뜬다는 데

　고즈넉하게 즐기려고 하루 이른
　백중百中날에 살포시 올라보니
　겸재의 질투가 저녁노을보다 붉어
　동쪽 하늘을 구름으로 가득 채웠다

비가 그쳐 시원하니 모기 입도 비뚤어졌고
귀뚜라미의 세레나데가 궁산에 울려 퍼지자
파크원 네온사인 너머로 123층 불빛이 아련하게
한가위 땐 확실히 뜬다며 발간색 신호를 보내고 있었다
―「궁산 소악루의 왕둘보름달」전문

 강서구 가양동 한강변에 위치한 작은 산인 '궁산'을 공간적 배경으로 지은 작품이다. 그곳 정상에는 중국의 동정호의 누각 이름을 본딴 악양루岳陽樓가 있었다가 소실되었고, 영조 때에 소악루小岳樓란 명칭으로 다시 만들어졌다. '궁산'은 조선의 도성을 방어하는 전략적 요충지였다.
 이러한 역사적 배경을 가진 장소에 시인은 '왕둘보름달'(슈퍼 블루문)을 보기 위해 '백중百中날' 하루 전에 슬쩍 올라가 본 것. 그러나 "겸재의 질투가 저녁노을보다 붉어/ 동쪽 하늘을 구름으로 가득 채웠다"란 구절에서 나타나듯이, 구름에 가려 슈퍼 블루문을 제대로 보지 못한 것이다. 그 아쉬움과 함께 추석 대보름엔 확실히 볼 수 있을 거란 희망을 호소력 있게 그려나가고 있다.
 또한, "올림픽대로를 질주하는 자동차는 삼각산을 잊었다"란 표현이 암시해 주듯이, 삶의 방향감각을 상실한 채 무작정 미래를 향해 달리고 있는 현대인들에게 은근하게 일침을 가하고 있다.
 이 시에서 주목해야 할 점은 공간적 의미를 지닌 '궁산'을 배경으로 '한가람' '삼각산' '백중百中날' 같은 예스런 명칭을 곳곳에 포진시켜 놓았다는 것이다. 더구나 보편화 된 '슈퍼 블루문'이란 외래어도 시인이 '왕둘보름달'의 우리말로 예쁘게 번역하여 사용했다는 점을 간과해서는 안된다. 시인의 우리 언어와 풍속에 대한 짙은 애착을 자각하게 되기 때문이다. 그 지점은 홍찬선 시인의 우리 민족에 대한 깊은 사랑과 직결된다.

요컨대, 이 시는 슈퍼 블루문을 보지 못한 안타까움과 함께, "파크원 네온사인 너머로 123층 불빛"의 현란한 도시문명의 세계 속에서, 잊혀져 가는 한국적 풍속과 정서를 독자들에게 환기하고 있다.

> 복사꽃이 연분홍으로 발간 건
> 사랑하는 외동딸을 옥황상제 며느리로 보내고
> 딸이 그리워 눈물 흘리는 아부지의 눈동자를 닮아서라는군
>
> 해마다 4월이면
> 복사꽃이 발갛게 흐드러지는 건
> 아부지를 그리는 딸의 눈물이 꽃눈으로 하늘하늘 춤춰서라는군
>
> 서울 삼개나루 언덕
> 흰돌이 밤섬을 바라보고
> 마포종점이 있던 곳에
> 복사꽃이 철 돼도 찾아오지 않는 건
>
> 도화낭자가 떠난 뒤
> 그 아부지도 떠난 뒤
> 흰돌마저 기약 없이 떠난 뒤
>
> 마포종점마저 없어지고
> 도화낭자와 흰돌의 기억마저 사라져
> 콘크리트 틈에 발간 꽃 피울 수 없기 때문이라는군
> ―「도화동에는 복사꽃이 피지 않는다」 전문

마포구에 위치한 도화동桃花洞의 이름에 얽힌 설화나 속신을 시적 소재로 삼았다. 복사꽃은 연분홍빛을 띠어,

보기에 아름다울 뿐만 아니라, 과실 또한 맛이 좋다. 그런 까닭에 젊은 여자들의 예쁜 얼굴이나 육감적인 자태에 흔히 비유하기도 하는데, 이 시는 그러한 상식적 이야기에서 출발하지 않는다.

즉, "복사꽃이 연분홍"인 건 옥황상제의 며느리로 보낸 외동딸을 그리워하여 눈물 흘리는 '아부지'의 눈동자로 비유되고 있다는 점이다. 판타지적이며 파격적인 이야기다. 아버지의 복사꽃 사연과 조응을 이루고 있는 딸의 이야기는 더 신비롭다. 복사꽃 붉은빛 아름다운 풍경은 아버지를 그리워하는 딸의 눈물이 꽃눈으로 변해 춤추는 형체로 표현되고 있기 때문이다.

이별의 정서는 최초의 고대 가요인 「공무도하가」 이후 고려가요 「가시리」나 김소월의 「진달래꽃」 등 우리민족의 바탕에 관류하는 원형적 감정이다. 이와 같은 이별로 인한 한恨의 정서는 주로 남녀 간의 사랑이나 어머니와 자식 사이에서 비롯되는 경우가 지배적인데, 이 시의 설화에선 아버지와 딸 사이에 보여주고 있다는 점에서 이색적이다. 이 작품의 근간을 이루고 있는 이 설화 이야기는 거기에서 끝나지 않는다.

"도화낭자가 떠난 뒤/ 그 아부지도 떠난 뒤/ 흰돌마저 기약 없이 떠난 뒤"의 구절처럼 '상실'의 고통을 노래하고 있다는 점이다. '상실'이란 현대적 징후의 하나다.

이 시는 설화의 소재주의에만 머물고 있는 것이 아니라 현대인의 정체성의 문제까지 은밀하게 건드리고 있다는 점이 매력적이다. "마포종점마저 없어지고/ 도화낭자와 흰돌의 기억마저 사라져" 당연히 꽃이 피어야 할 복사꽃이 도화동에 피지 않는다는 그 역설의 지점을 우리의 척박한 현실로 말미암아 문화의 꽃이 피어날 수 없는 상황으로 치환시켜 받아들여도 지나친 과장은 아닐 것이다.

홍찬선 시인은 아무것도 아닌 것 같은 사소한 작은 동네 이름의 명칭에서 비롯된 이야기를 통해 현대인의 비극적 삶의 초상까지 확대해 나가는 깊은 시적 인식을 보여주는 것이다.

「도화동에는 복사꽃이 피지 않는다」처럼 설화를 시적 모티프로 전개된 시편들은 "즈믄해 묵은 여우가 자주 나타났다는 여우고개, 호현狐峴과/ 이도령이 청파역에서 말 잡아타고 동재기를 건너 넘은 남태령이 같은 고개였다는 것을"(「남태령南泰嶺은 여우고개」), "어린애 업고 떠나려는 인수봉을/ 서남쪽에 떡고개 두어 달래고/ 동 남쪽에 벌고개 두어 겁주어/ 그 자리에 머물게 했다는"(「좀도둑은 버티고개를 떠났다」), "옛날 염창에 두미암이라는 바위산과 영벽정이라는 정자가 있었다 어느 날 맑은 하늘에 먹구름이 몰려오더니 집채 같은 바위가 마을로 날아와 마을 사람들이 벌벌 떨었다 이 얘기를 들은 김말손 장군이 활을 들고 귀신바위를 찾아가 귀신을 쏘아 죽이고"(「증산? 증미산! 염창산…」), "고개 양쪽 벌판이 논밭으로 이어져 논고개였던 이곳이/ 일제가 비말 절골 부처말들을 모아 논현리論峴里라 부른 이곳이/ 영등포의 동쪽이라서 영동이 됐다는 얘기는/ 범 담배 피던 시절의 가물가물한"(「영동시장이 왜 강남구에…」) 등에도 잘 나타나 있다.

이와 같은 설화적 상상력은 한국 현대시를 대표할 수 있는 서정주의 『질마재 신화』나 대하소설 『장길산』의 작가 황석영의 『바리데기』에서도 잘 드러나고 있다. 최근엔, 2022년 부커상 인터내셔널 최종 후보 선정작인 정보라의 『저주 토끼』처럼 판타지적 소설에서도 성공적으로 문학적 성과가 증명되고 있는 것이다.

이러한 현상은 우리의 설화가 세계적으로 통할 수 있는 공감대 형성이 충분히 가능하다는 점에서 앞으로 K문학의 주요 소재로 작가들의 관심이 이어질 것으로 예상된다. 이런 시각에서 볼 때 우리의 설화나 민속을 지속적으로 탐사하고 있는 홍찬선 시인의 탁월한 시적 세계를 주목하지 않을 수 없다.

3. 역사의 흔적을 찾아서, 우리 민족 사랑

나는 오늘 왕이 되어
100년 동안 짓밟히다 돌아온 역사를 밟으며
광화문을 지나 근정전을 거쳐 향원정까지 걸었다

조선의 정궁인 경복궁의 품격을 떨어뜨려
대한제국을 불법적으로 강탈한 만행을 합리화하려고
광화문 앞 월대를 없애고 전차 길을 내고
경복궁 근정전 앞 건물을 허물고 조선총독부를 짓고
광화문마저 뜯어 건춘문 쪽으로 옮긴
일제의 만행을 음미하면서 진양조로 걸었다

길이 48.8m, 너비 29.9m 규모의 광화문 월대는
세종로로 바뀐 육조거리를 향해 뻗어 있었고
가운데에 너비 7m의 왕이 다니는 길 어도(御道)를 마련해
왕이 백성과 직접 만나 민의를 듣는 장소였는데

임진왜란 때 불타 270여년 동안 폐허로 방치된
경복궁을 흥선대원군이 복원하면서 만든 뒤
일제가 1923년에 훼손한 광화문 월대를
왕의 모습으로 역사가 바로잡힌 것을 보았다
―「광화문 월대가 다시 돌아왔다」전문

민족적 뜨거움이 확 달아오르는 시다. 최근에 문화재

청이 2006년부터 추진한 '광화문 월대 복원'이 완성된 것에 대한 시인의 감회를 나타낸 작품이다. '월대'는 궁궐의 중요한 건물 앞에 넓게 설치해 놓는 디딤돌 형식의 대臺로, 궁중의 각종 행사가 있을 때 이용되었다고 한다.

시인은 일제 강점기 "조선의 정궁인 경복궁의 품격을 떨어뜨려/ 대한제국을 불법적으로 강탈한 만행을 합리화하려고/ 광화문 앞 월대를 없애고 전차 길을 내고/ 경복궁 근정전 앞 건물을 허물고 조선총독부를 짓고"의 구절처럼 우리 민족의 자존심에 큰 상처를 입힌 역사적 사건을 직시하고 분노를 감추지 못한다. 분노가 있기에 '월대 복원'에 대한 감격이 있는 것.

그 감격은 "나는 오늘 왕이 되어/ 100년 동안 짓밟히다 돌아온 역사를 밟으며/ 광화문을 지나 근정전을 거쳐 향원정까지 걸었다"나 "광화문마저 뜯어 건춘문 쪽으로 옮긴/ 일제의 만행을 음미하면서 진양조로 걸었다"의 구절에서 잘 표출되어 있다. 홍찬선 시인의 치열한 역사인식이 극명하게 드러나고 있는 장면이다.

특히 "왕이 백성과 직접 만나 민의를 듣는 장소"였던 구절 속에 담긴 의미는 단지 월대 복원이 민족의 자존심을 되찾는 것에 끝나지 않는다. 21세기를 살아가는 우리 현실 속에서 '민주주의'의 참뜻을 바르게 인식해야 한다는 시인의 간곡한 목소리가 숨어 있기 때문이다.

역사적 사실 앞에 숙연해지면서, 새삼 한국인의 정체성에 대한 자각을 느끼게 되는 이 작품은, 일상에 매몰돼 살아가는 현대인들에게 반성적 성찰을 갖게 한다. 홍찬선 시인은 디테일하고 정확하게 이 시대를 살아가는 증언자의 모습으로 역사적 사실을 그려나가고 있다.

"사백 살이 넘은 어르신 살구나무는/ 삼말사초에 하얀 꽃을 멋지게 피워/ 눈과 코와 귀로 사람들을 모아/ 잊히고 뒤틀린 역사를 바로잡으려 안간힘을 씁니다"(「경운궁 살구나무가 전하는 말」)나 "가서 보면 밝혀지리라/ 누가 민족과 역사를 배반하고 일제에 협력했는지"(「세종로공원 조선어학회한글수호기념탑」) 등에서도 그의 이러한 역사인식은 선명하게 드러나고 있을 뿐만 아니라, 이 시집의 주류를 이루고 있으며, 전편에 걸쳐 두루 편재해 있다.

　이와 같은 시인의 우리 민족에 대한 사랑은 "세종대왕이 태어나신 곳은/ 청와대에서 아주 가까운 곳인데/ 집터는 사라지고 표지석만/ 꿔다놓은 보릿자루처럼 초라하게"(「청와대에 세종대왕기념관을」)나 "훈민정음해례본을 지켜내려는 노심초사로/ 쉰일곱이란 짧은 삶을 일찍 마치고/ 세월을 나직나직 기다리고 있었다"(「전형필 옛집에서」)란 구절처럼, 세종대왕이나 전형필 선생에 대한 경의와 애정으로 이어지는 것은 필연적이다.

　또한 "동물국회와 식물국회라는 오명을 뒤집어 쓰고도/ 부끄러워하는 뱃지들을 찾아보기 힘들다"(「무노동 무임금의 치외법권 국회의사당」)처럼 정치인들에 대한 신랄한 비판이나 "무엇이 꿈 많고 열정 넘치는/ 젊은 선생님을 죽음으로 내몰았을까요?"(「서이초등학교 여선생님의 죽음」)의 교육 현장의 모순에 대한 예리한 시각, "대학 다닐 때 막걸리 생각나면 들르던 곳/ 얼마전까지도 벗과 만나 옛일을 더듬어보던 곳/ 수많은 사람들이 평화롭게 오가던 곳이/ 상상하기만 해도 몸서리쳐지는 살인현장이 되었다"(「신림역 4번 출구는 억울하다」) 같은 사회적 불의의 고발적인 시편들도 동일한 맥락에서 거론할 수 있는 작품들이다.

4. 빛나는 문인과 더불어 책의 문화

　보물을 찾아 나선다

봄 여름 가을 겨울 없이
지하철 2호선 잠실나루역 1번 출구
서울책보고에 가서
책 보고 보석을 캔다

서울시에 있는 스물아홉 개 헌책방에서
모셔온 십이만 권의 책이
서른두 개 서가에 숨어서
눈 밝고 가슴 푸근하고
두 손 따뜻한 사람들을 기다리고

굴속으로 빨려 들어가
그제는 '한국의 섬' 시리즈를 만나고
어제는 조태일 시인의 '시인'을 발굴하고
오늘은 문덕수 시인의 '세계문예대사전'을 찾았는데
내일은 어떤 보물이 깜짝 선물로 기다릴까

─「서울책보고에서 보물을 찾다」 전문

  기억이 새롭다. 60, 70년대에 헌책방은 청계천을 중심으로 즐비했다. 새 책의 반 값, 운 좋으면 반의 반값도 안 되는 가격으로 사서 행복했고, 새 서점가에는 사라져 보이지 않는 귀한 책을 복권처럼 구할 수 있어서 좋았다. 나 역시 그 당시 불온서적으로 낙인 찍힌 '창비'에서 나온 신동엽의 서사시 『금강』을 거저 주울 정도로 구입해 나오면서 가슴이 얼마나 콩닥콩닥했는지 모른다. 그 학창시절의 두근거리는 맘이 지금도 가능하다는 것을 시인은 우리들에게 잔잔하게 전해주고 있다.
  이 시의 특징은 "지하철 2호선 잠실나루역 1번 출구"나 "서울시에 있는 스물아홉 개 헌책방에서／ 모셔온 십이만 권의 책이／ 서른두 개 서가에 숨어서／ 눈 밝고 가슴 푸근하고/ 두 손 따뜻한 사람들을 기다리고"있다는 구절에서 알 수 있듯이, 독자들이 시적 대상을 직접 찾아가고 싶을 정도로 호기심을 갖게 하고, 쉽게 갈 수 있는 구체적인 정보를 정확하게 제시해주고 있다는 점이다.

노년에 접어든 사람들이라면 예전에 눈을 번뜩거리며 헌책방을 하나하나 순례한 기억이 있을 텐데, 그 수없이 쌓아 놓은 중고 책들이 지금도 한 공간에 모여 있다는 것이다. 그것도 지하철을 타면 간단히 갈 수 있는 곳에 있다는 것은 뜻밖이다. 시인은 거기서 인터넷 서점에선 찾기 힘든 조태일 시인이나 문덕수 시인의 책들을 발견한다. 그야말로 보물찾기에 성공한 것이다. 맛있는 먹거리 앞에서만 침이 꼴깍 넘어가는 것이 아니다.

요즘은 영화나 드라마 등의 미디어 콘텐츠를 사람들의 입맛에 맞게 마구 생산해내는 온라인 동영상 시대라, 찬란한 영상시대의 교두보 역할을 해온 극장도 사양길에 접어들고 있다. 그렇다면, 영상도 아닌 문자로 이루어진 책의 문화는 골동품으로 전락되어 버린 것일까. 더구나 퀴퀴한 냄새가 풍기는 헌 책들이란, 누가 쳐다보기라도 할까.

천만의 말씀, 시인은 십이만 권의 책 속에 숨어 있는 내 '보석'을 찾는 작업이라 하지 않는가. 이 시를 읽고, 시간의 바늘을 거꾸로 돌려 '서울책보고'에 가보고 싶은 마음이 굴뚝 같이 드는 건 비단 나뿐일까. 벌써 설레게 된다.

    왕십리역은 전차를 갈아타는
    그냥 환승역만이 아니다

    꼭두새벽부터 밤늦게까지
    삶의 현장을 누비는 피곤이 있고
    잿빛 도심에서 초록빛 꿈을 캐는
    희망이 힘차게 숨을 쉰다

왕십리역은 갇힌
쳇바퀴 만이 아니다

여드레 스무날엔 온다고 하고
초하루 삭망이면 간다고 한
임이, 비로 내리는 소월과
이창배 명창의 소리가 살아있다

종종걸음치는 환승과
늘 그 모양 그 꼴인
어제와 오늘과 내일이
꿈틀꿈틀 일어선다

왕십리역은 사통팔달,
사람과 사람이 사람과 사람으로 이어진다
―「왕십리역의 김소월」 전문

  왕십리는 촌 동네였다. '왕십리 똥파리'란 말이 있다. 왕십리에 사는 사람들의 별명이 똥파리였던 것. 예전엔 왕십리 일대는 채소밭이 끝이 보이지 않는 벌판처럼 펼쳐져 있었다. 거기에서 가꾸고 만들어진 채소들을 사대문 안 서울 사람들이 가져다 먹었는데, 그 왕십리의 채소들을 키우기 위해선 거꾸로 서울의 인분을 거름으로 이용했던 것. 그런 '왕십리'가 서울 교통의 중심이 됐다. 종로, 광화문으로 가는 길이 짧은 시간에 간단히 이어지고 다른 한편으론 외곽으로 나가는 청량리로 곧바로 연결된다. 즉, 서울의 구심적 역할을 하고 있다. 역을 중심으로 열병하듯 늘어선 빌딩과 아파트는 강남 못지 않다.
  이러한 왕십리역은 분당선, 2호선, 5호선, 경의중앙선이 연결되어 있기에 "꼭두새벽부터 밤늦게까지/ 삶의 현장을 누비는 피곤이 있고/ 잿빛 도심에서 초록빛 꿈을 캐는/ 희망이 힘차게 수움을"쉬는 곳이고, "사통팔달,/ 사람과 사람이 사람과 사람으로 이어"지고 있는 분주한 곳이다.

고향이 평북 정주인 김소월이 여기서 학창시절을 잠시나마 보낸 건지, '왕십리'를 상상하며 쓴 시인지는 명확하지 않지만, 이 시의 배경이자 제목 덕분에 김소월의 흉상과 함께 시비가 세워져 있는 것이다. 또한 국악인의 거물인 명창 이창배의 동상이 왕십리역을 정면으로 바라보고 있는 곳이기도 하다.

그러나 그날그날 생존하기 위해 바쁜 도시인들은 잠시나마 그들에게 눈길이나 주고 있는 건지 무심해 보이기에, 시인은 "종종걸음치는 환승과/ 늘 그 모양 그 꼴인/ 어제와 오늘과 내일이/ 꿈틀꿈틀 일어선다"의 구절처럼 미래의 불투명 속에서도 밝은 희망을 갖고 노래하고 있다.

이 시처럼 여기저기 신발이 닳도록 구석구석 돌아다니면서 문인들에 대한 애틋한 단상을 그려낸 시편들이 적지 않다. "동아일보에 장편소설 〈상록수〉를 연재했던/ 심훈은 손기정의 낭보를 전한 신문 여백에/'오오, 조선의 남아여!'라는 축시를 썼다// 조선총독부를 감시하기 위해 광화문 네거리에 지은/ 동아일보 옛 사옥은 일장기 말소와 상록수 정신을"(「동아일보 옛 사옥에서 심훈을 읽다」)이나 "성북동은 골목 골목이 문학이다/ 여기에서는 김광섭의 성북동비둘기가 날고/ 저기에서는 조지훈의 지조론이 꼿꼿하고/ 조기에선 한용운의 님이 침묵하고"(「성북동은 골목골목이 문학」), "비움을 뛰어넘으려던/ 공초 오상순 시인도/ 마지막 가는 길에 마음이 바뀌었을까"(「빨래터에 공초 유택이 있다」), "오겠다던 그 사람은 오지 않는데/ 신동엽이 자운봉 신선대 오르며 흘린 땀을 식혀주는"(「영수네 감자국에서 만난 오징어게임」), "윤동주가 스물여덟에 일제

생체실험으로 순국한 것처럼"(「불수도북을 걸으며」) 등이 그것이다.

그런가 하면, 도시의 골목마다 스며 있는 이야기를 보석 찾듯 헤매며 찾아다니는 시인에게 때로는 청춘 시절에 대한 추억이 불현듯 떠올랐을 터. 독자들에게 애틋한 서정을 불러 일으킨다.

"홍익문고에서 조병화의 시집/ "만나는 거와 떠나는 거와"를 사서/ 좋아하는 사람에게 줄 시집으로는/ 어울리지 않는다는 것조차 알지 못한 채"(「홍익문고에서 청춘을 읽다」)나 "세월은 어김없이 흘러/ 첫째와 둘째 딸이 그때 나보다 나이가 더 많아졌어도/ 본동 그 골목은 그때 그대로였어도// 셋방 살던 집도 세월의 무게를 힘겨워하고"(「동작구 본동 47-26」), "월급의 절반 이상이 대출금이자로 강탈당하자/ 사는 게 사는 것이 아닌 나날을 빠져나오게 한 건/ 큰딸이 갑자기 아픈 밤 상계백병원 응급실에 가서였다"(「상계주공아파트 1705동 ○○○호」) 같은 시편들뿐만 아니라, 대학 시절 잊지 못할 은사님에 대한 회상을 그린 "제군들은 동경대 경제학과 학생 3명과 싸워 이겨야 한다고/ 여러분들이 그들과 지력知力 경쟁에서 이겨야만 / 대한민국이 일본을 앞설 수 있는 희망의 열린다"(「나폴레옹제과점에서 그님을 그리다」), 사라진 영화관에 대한 아련한 정서를 그린 "야인시대 종로파 김두한의 전설을 만들어 낸/ 우미관은, 대로변에 보일 듯 말 듯 표지석으로만/ 아슬아슬하게, 그날의 영화를 하소연한다"(「우미관터에서 그 영화를 그리워하다」)」등과 같이 다채롭게 보여주고 있다.

이처럼 홍찬선 시인이 온몸으로 탐색하고 찾아낸 시세계는 바다처럼 넓고 경이롭다. '서울'이라는 지리적 공간에 대한 독특한 표현 미학을 통해 한국 서정시의 외연과 지평을 확장시켰다. 힘찬 발걸음은 계속될 것이다. '월간시인'의 연재는 끝났지만 아직도 숨어 있는 '서울의 삶과 역사와 문화'가 적지 않다는 것을 스스로 너무나 잘 알고 있기 때문이다.